LES

RUINES

DE PARIS

PAR

CHARLES MONSELET

auteur de

La Franc-Maçonnerie des Femmes.

PARIS

L. DE POTTER, LIBRAIRE-ÉDITEUR

RUE FONTAINE MOLIÈRE, 27

LES RUINES DE PARIS

NOUVEAUTÉS EN LECTURE
DANS TOUS LES CABINETS LITTÉRAIRES

Monsieur Cherami, roman entièrement inédit, par Ch. Paul de Kock, 5 vol. in-8.
L'Envers et l'Endroit, épisode de la fin du règne de Louis XIV, roman historique, par Auguste Maquet. 4 vol. in-8.
Les Drames de Paris, par le vicomte Ponson du Terrail. 8 vol. in-8.
Le Prix du sang, par A. de Gondrecourt. 5 vol. in-8.
Nena-Sahib, ou l'insurrection des Indes, roman hsitorique, par Clémence Robert. 3 vol. in-8.
La Reine de Paris, par Théodore Anne. 3 vol. in-8.
Un ami de ma femme, par Maximilien Perrin. 3 vol. in-8.
Monsieur trois étoiles, par mad. la comtesse Dash. 3 vol. in-8.
Le Bossu, aventures de cape et d'épée, par Paul Féval. 5 vol. in-8.
La Bête du Gévaudan, par Elie Berthet. 5 vol. in-8.
Les Ruines de Paris, par Charles Monselet. 4 vol. in-8.
Le Chevalier de Dieu, par Paul du Plessis et Albert Longin. 5 vol. in-8.
Les Spadassins de l'Opéra, par le vicomte Ponson du Terrail. 6 vol. in-8.
La Belle Créole, par Henry de Kock. 4 vol. in-8.
Le Filleul d'Amadis, par Eugène Scribe. 3 vol. in-8.
La Comtesse Maximi, par A. de Gondrecourt. 5 vol. in-8.
Le Marquis de Lupiano, par Charles Rabou. 5 vol. in-8.
La Louve, par Paul Féval. 6 vol. in-8.
Les Folles d'un grand Seigneur, par Ch. Monselet. 4 v. in-8.
La Vieille Fille, par A. de Gondrecourt. 4 vol. in-8.
Le Masque d'Acier, par Théodore Anne. 4 vol. in-8.
Le Juif de Gand, par Constant Guéroult, auteur de *Roquevert l'Arquebusier*. 4 vol. in-8.
La Princesse Russe, par Emmanuel Gonzalès. 2 vol. in-8.
La Fille Sanglante, par Charles Rabou. 4 vol. in-8.
La Belle Provençale, par le vicomte Ponson du Terrail. 6 v. in-8.
Dettes de Cœur, par Auguste Maquet. 2 vol. in-8.
Le Tigre de Tanger, par Paul du Plessis, auteur des *Boucaniers*, *Montbars l'Exterminateur*, *le Beau Laurent*, et Albert Longin. 5 v. in-8.
Le Médecin des Voleurs, par Henry de Kock. 4 vol. in-8.
La Cape et l'Épée, par le vicomte Ponson du Terrail. 5 vol. in-8.
L'Homme de Minuit, par Etienne Enault et Louis Judicis. 4 v. in-8.
La Tour Saint-Jacques, par Clémence Robert. 4 vol. in-8.
Les Frères de la Mort, par Charles Rabou. 5 vol. in-8.
La Mignonne du Roi, par Emmanuel Gonzalès. 3 vol. in-8.
M. Choublanc à la recherche de sa Femme, par Ch. Paul de Kock. 3 vol. in-8.
L'Homme de Fer, par Paul Féval. 5 vol. in-8.
Les Chevaliers errants, par O. Féré et D. A. D. St-Yves. 4 vol. in-8.

Pour la suite des Nouveautés, demander le Catalogue général qui se distribue gratis.

LES
RUINES
DE PARIS

PAR

CHARLES MONSELET

auteur de

La Franc-Maçonnerie des Femmes.

I

PARIS
L. DE POTTER, LIBRAIRE-ÉDITEUR
RUE FONTAINE MOLIÈRE, 27.

Droits de traduction et de reproduction réservés.

LE MÉDECIN DES VOLEURS
ou
PARIS EN 1780
PAR HENRY DE KOCK.

Montrer Paris tel qu'il était comme mœurs, comme habitudes, comme usages, vers la fin du dix-huitième siècle, tel a été le but de l'auteur de ce livre. S'embarquant à pleines voiles dans le roman d'aventures, Henri de Kock, que nous ne connaissions jusqu'ici que comme un fin observateur d'amours et de ridicules modernes, a bravement couru sur les brisées du maître à tous en ce genre : Alexandre Dumas. Drames étranges ou terribles, scènes émouvantes ou comiques, caractères habilement tracés, types curieux, le *Médecin des Voleurs* contient tout cela, et notez, — un grand éloge à faire encore de cette œuvre, — que Henri de Kock, en s'y livrant, a évité l'écueil contre lequel se sont brisés le plus souvent les écrivains qui ont parlé de cette époque ! — Le règne de Louis XVI. — Pas un mot de politique, pas une phrase ayant trait à la révolution ne viennent déparer de leurs teintes trop sombres, un récit où l'imagination ne perd rien cependant à se mêler à la réalité. *Le Médecin des Voleurs* est appelé à un immense succès. On lira ce livre pour s'amuser… on le lira pour s'instruire.

LA REINE DE PARIS
PAR
M. THÉODORE ANNE.

L'époque de la Fronde, cette lutte entamée par des fous et continuée par des ambitieux, a des incidents qui sont de nature à tenter les romanciers. Pourquoi la Fronde a-t-elle commencé, pourquoi a-t-elle fini ? c'est un point difficile à expliquer. L'histoire ne donne point de cause sérieuse à cette guerre qui dura quatre ans, à ce désordre qui trouva son dénoûment, quand on fut las de combattre, et quand après tant de sang inutilement versé, la France aux abois cria grâce et merci. Le roman a le champ libre, grâce au silence de l'histoire, et M. Théodore Anne en a profité pour donner au moins à cette collision une apparence de motif. Trois lignes de l'ouvrage de M. le comte de Saint-Aulaire sur cette époque, lui ont servi de point de départ, et usant de son privilége de romancier, il a mis dans la tête de la duchesse de Longueville, ce que l'on dit avoir existé un instant dans celle du prince de Condé, son frère. Peut-être trouvera-t-on que la Fronde, ainsi représentée, rappelle des événements plus modernes. C'est que tous les désordres sont frères et marchent vers le même but. C'est la soif des grandeurs d'un côté, c'est la soif de l'or de l'autre, qui guident les ambitieux de haut et de bas étage. Mais à côté du tableau ainsi présenté, se trouve la leçon et le dénoûment qui met chaque chose à sa place, montre que les plus grands agitateurs capitulent facilement quand leurs intérêts sont sauvegardés. A côté des scènes d'ambition se trouvent des scènes d'amour, et l'amour amène une conclusion que l'ambition voulait retarder. C'est que de toutes les passions humaines, l'amour est la plus forte. Princes, ministres, grands seigneurs, magistrats, bourgeois, populaire, toutes les classes défilent devant le lecteur, et de ce contraste perpétuel naît un intérêt qui doit assurer le succès de l'ouvrage.

Imprimerie de P.-A. BOURDIER et Cie, 30, rue Mazarine.

LES
RUINES DE PARIS

PRÉAMBULE

Un libraire nous disait, il y a quelques semaines : — « En fait de romans, je ne veux plus éditer que ceux dans le titre desquels il entrera un de ces trois mots:
1858

» Le mot Femmes;

» Le mot Argent;

» Ou le mot Paris.

» Avec un de ces trois substantifs, le succés d'un ouvrage est à peu près certain. »

Ainsi parla le libraire.

Or, la voix du libraire est presque toujours la voix du public.

Voilà pourquoi ce roman s'appelle les *Ruines de Paris.*

Est-ce à dire qu'il n'y soit question ni de Paris ni de ruines ?

Nous laissons à d'autres ce système de mystification. Notre titre est au contraire rigoureusement justifié, sinon dans le sens philosophique et allégorique auquel plusieurs personnes s'attendent peut-être, mais dans le sens matériel et panoramique, c'est à dire au point de vue des démolitions actuelles.

Si cependant le même coup de pioche

vient soudainement mettre à découvert la ruine morale à côté de la ruine physique, nos lecteurs n'en seront pas étonnés. Il est des tâches littéraires qui équivalent à des travaux d'assainissement.

Paris, 16 juin 1857.

LE QUAI DES AUGUSTINS.

CHAPITRE PREMIER.

I.

Le quai des Augustins.

Paris est la ville du monde où l'on se retourne le plus. Un matin du mois d'avril 1851, les passans du quai des Grands-Augustins se retournaient donc en souriant pour suivre des yeux un homme assez bizarrement vêtu.

Il avait un vaste habit bleu, comme celui dans lequel la tradition a boutonné Goëthe et Benjamin Constant; mais la solennité de cette livrée diplomatique était amoindrie par un mystérieux gilet noir et une cravate de la même couleur qui prohibaient, à eux deux, toute trace de ligne.

Cet homme était grand et gros; sa physionomie était ouverte comme un champ de foire. On lisait l'intelligence sur ses traits, mais une intelligence in-

quiétante. Il y avait trop d'activité dans
ses yeux, trop de frémissemens dans ses
narines, trop de gonflemens dans ses lèvres; en un mot, tout était poussé à l'extrême chez lui : ses cheveux étaient trop
crépus, ses favoris trop épais; et il s'é-
chappait de toute sa personne une exa-
gération de grandes manières qui tou-
chait de près à la parodie.

La pricipale originalité de ce colosse
consistait dans un' chapeau de peluche
bleu-de-roi.

Cette coiffure inusitée suffisait pour
justifier la curiosité et les sourires des

passans, qui le prenaient, les uns pour un membre du Congrès de la paix, d'autres pour un marchand d'orviétan.

Ces derniers étaient sans doute les mieux avisés, car l'homme au chapeau bleu qui rasait les boutiques du quai, sans daigner accorder un regard aux livres, aux gravures et aux renards empaillés dont ce quartier de Paris est le réceptacle, s'arrêta tout à coup devant un écriteau ainsi conçu: *Dépôt d'Eau de Cologne au rabais.*

— Oh! oh! murmura-t-il, voilà mon affaire !

Cet écriteau était accroché au magasin d'un bouquiniste, qui cumulait ainsi la vente des parfums et celle des belles-lettres magasin sombre, rempli de poussière, mais spacieux et terminé par un escalier tournant, à deux fins, c'est à dire montant d'un bout à deux étages encombrés de livres, et, de l'autre bout, plongeant dans une cave également approvisionnée.

L'homme au chapeau bleu examinait ces dispositions, tout en feignant de lorgner à travers les vitres quelques vénérables in-folios, à tranches rouges comme des rostbeefs.

Il n'y avait en ce moment dans le magasin qu'une jeune fille, cantonnée derrière un comptoir chargé aussi de livres. Elle cousait; mais sa distraction était visible, et, par la porte restée ouverte, elle regardait sans cesse sur le quai. On pouvait, sans un grand mérite de perspicacité, supposer qu'elle épiait le passage d'une personne attendue.

Cette supposition était appuyée par les interrogations fréquentes qu'elle adressait à une grosse montre en argent suspendue en face d'elle, au dessus d'une cheminée.

Après cinq minutes de délibération, l'homme au chapeau bleu, s'étant assuré que la jeune fille était bien seule, se décida à entrer dans le magasin.

A son aspect, la jeune fille, dérangée et trompée dans son attente, fit un mouvement de contrariété; sans se lever, elle formula la phrase sacramentelle :

— Que désire monsieur?

— Madame, dit-il après avoir exécuté un salut comme on exécute un pas de danse, vous avez ici un dépôt d'eau de Cologne?

— Oui, monsieur.

— De véritable eau de cologne?

— Oui, monsieur.

— J'en voudrais une forte quantité; en avez-vous en barrique?

La jeune fille ne lui avait parlé jusqu'alors que machinalement, et en continuant de porter ses regards sur le quai; mais, à cette question si imprévue, elle leva les yeux, et, croyant à une plaisanterie, elle répondit d'un ton sec:

— Non, monsieur.

— C'est fâcheux !

—Notre eau de Cologne est en flacons ou en rouleaux de 75 centimes.

— Cependant, mademoiselle (car je crois m'apercevoir que c'est à une demoiselle que je m'adresse), j'aurais besoin de cette liqueur en quantité considérable.

Cet homme débitait ses phrases avec un tel sang-froid que la jeune fille dut le prendre au sérieux. Elle ne s'arrêta pas à ce que son costume offrait d'excentrique; n'était-elle pas accoutumée à voir tous les jours dans son magasin les savans les plus étrangement accoutrés les amateurs les plus sordides?

A sa demande réitérée, elle répondit donc cette fois avec politesse :

— Je ne doute pas qu'il ne nous soit possible de fournir à toute espèce de commande, mais il vous faudrait voir mon père, et il vient de sortir. Je n'attends son retour que dans une heure.

— Ah! très bien. Alors, je ne prendrai aujourd'hui que quelques échantillons.

— A votre aise, monsieur.

— Veuillez me donner cinquante rouleaux.

— Cinquante rouleaux forment juste une caisse.

— Une caisse; soit.

—A quelle adresse faudra-t-il l'envoyer

— Il est inutile de prendre cette peine mademoiselle; j'ai là un laquais.

— Sur un signe de l'homme au chapeau bleu, un petit garçon entra. Malgré cette qualification de laquais, force nous est d'avouer qu'il ressemblait à s'y méprendre à un modeste commissionnaire.

La fille du bouquiniste lui remit une caisse de bois blanc qu'elle avait été chercher dans un placard.

— Allez, maintenant! dit le singulier acheteur au commissionnaire; vous savez où vous devez m'attendre?

— Oui, monsieur, vous me l'avez dit tout à l'heure: c'est...

— Bien, bien; partez.

Et en se retournant, d'une grâce infinie pendant que le petit laquais emportait la caisse :

— Auriez la bonté de me remettre la facture acquittée, mademoiselle?

La jeune fille avait saisi la plume.

— Vendu à monsieur?... demanda-t-elle.

— A la maison Pomard, Issakoff et C°.

de Constantinople. Je ne suis que son représentant à Paris.

— Voici, monsieur.

— Voulez-vous me rendre? dit-il en tirant d'un portefeuille de cuir, volumineux comme une berline, un chiffon huileux couvert de caractères et de signatures indéchiffrables.

— Je ne connais pas ce papier, répondit-elle naïvement.

— Billet de la Banque de Constantinople.

— Un changeur seul vous le prendra, monsieur.

— Vous croyez? fit-il avec un étonnement sublime. Mais, alors, veuillez me suivre chez le changeur, mademoiselle; car en dehors de ce billet de banque, le hasard veut que je n'aie pas un seul louis sur moi.

— Il m'est impossible de m'absenter.

— Ou plutôt... tenez, je vais rappeler mon laquais, car je ne sais vraiment ce que vous seriez en droit de supposer...

Il se précipitait déjà vers la porte.

—Non, monsieur, ne le rappelez pas, dit-elle.

—Cependant...

—Non; d'ailleurs, il est trop loin.

—Vous avez raison; mais comment arranger cette affaire? Vous me voyez désespéré.

— Eh bien! laissez-moi...

— Mon adresse! c'est cela, interrompit-il vivement.

La marchande, que l'inquiétude commençait à gagner, allait peut-être exiger un nantissement d'une autre espèce, lorsque son attention fut détournée et accaparée par l'arrivée d'un jeune homme.

A la demi-exclamation qu'elle laissa échapper et à la rougeur qui couvrit son visage, il était facile de deviner que c'était lui qu'elle attendait.

L'homme au chapeau bleu profita de cette circonstance.

— Rue du Musée, numéro douze, dit-il et se penchant sur le comptoir.

La jeune fille se hâta d'écrire.

— Bien, monsieur. Mon père se présentera chez vous demain matin.

— C'est au mieux. Mes bureaux sont ouverts de dix heures à quatre heures. Mademoiselle, je suis sensible à la preuve de confiance dont vous venez de m'honorer.

Et, faissant décrire un cercle à son chapeau bleu, il sortit, en comprenant dans la même salutation le jeune homme et la jeune fille.

Celle-ci bien qu'elle regrettait son imprudence, s'empressa de chasser toute idée importune pour ne s'occuper que de son nouveau visiteur.

Il s'était assis modestement dans un coin de la boutique, après avoir salué. Silencieusement aussi, il avait promené ses regards sur un rayon et atteint un livre, qu'il paraissait disposé à lire d'un bout à l'autre. C'était évidemment un de ces amateurs, un de ces bibliophiles fervens qui se font les habitués presque quotidiens des magasins de librairie. Il pouvait avoir vingt-cinq ans; son visage était distingué, ses manières étaient douces; mais les joies de la jeunesse n'éclairaient pas son front. S'il parlait avec le marchand, c'était toujours de manuscrits rarissimes; jamais un mot qui lui fût personnel, jamais un détail sur sa profession, sur sa fortune ou sur sur son pays. Jorry, — c'est le nom du bouquiniste chez qui nous avons introduit le lecteur, — lui avait vendu autrefois un assez grand nombre de volumes; mais, depuis quelque temps, les achats du jeune homme avaient diminué, puis il s'étaient interrompus tout à coup. Malgré cela, il n'avait pas cessé de venir chez M. Jorry; il y passait de longues heures à feuilleter ses auteurs favoris, indifférent au bruit des conversations, oubliant tout le monde et se croyant oublié, n'apercevant personne et se croyant inaperçu.

CHAPITRE DEUXIÈME.

I.

Le quai des Augustins. *(Suite.)*

Il n'avait pas été difficile au libraire de flairer la ruine sous ce manège; mais il avait gardé ses remarques pour lui-même; et il avait continué à accueillir son ancien client, autant par reconnaissance de ses achats d'autrefois que dans un calcul habile et caché. M. Jorry, qui entre parenthèses, était une des personnifications les plus complètes de l'avarice, publiait souvent des catalogues, dont la rédaction rendait nécessaire l'intervention d'un véritable érudit. Dans ce cas il avait le jeune homme sous la main, et il était assuré de trouver chez lui tous les renseignements désirables.

Enhardi par les services qu'il rendait, le jeune homme avait donc contracté l'habitude de venir là, comme un employé, de dix heures du matin à quatre heures du soir.

Cela durait depuis plusieurs mois, lorsque la fille du bouquiniste, prétendit voir dans cette assiduité autre chose que l'amour de la lecture. Hortense était jeune, et elle n'avait pas encore aimé ; sa sa beauté, bien qu'un peu dépourvue de grâce (sa mère, morte trop tôt, n'avait pu surveiller son éducation), était incontestable. Dans le milieu peu récréatif où la volonté de son père l'avait condamnée à vivre, elle s'attacha secrètement à ce lecteur, mélancolique, le plus jeune de tous ceux qui fréquentaient le magasin. Cependant, en dehors des exigences de la politesse, il ne paraissait pas s'occuper de la présence de la jeune fille; elle en conclut qu'il était timide. Du reste, il rougissait facilement, et elle attribua à une extrême sensibilité ce qui n'était que la sourde révolte d'un amour-propre mal enchaîné.

Il n'était connu du bouquiniste et de sa fille que sous le nom de M. René. Mais un soir, Hortense ramassa une enveloppe de lettre dont il s'était servi pour essuyer sa plume. Elle apprit de la sorte qu'il s'appelait René de Verdières, et qu'il demeurait dans la cour d'Aligre.

Le mystère ou plutôt la discrétion dont ce jeune homme s'entourait fut sans doute une des causes de l'amour qu'il inspira à Hortense. Malheureusement, elle ne tarda pas à voir cet amour naissant traversé par les projets de son père Voici dans quelles circonstances. La permission de lecture autorisée par le bouquiniste en faveur de René seulement, menaçait de s'étendre à plusieurs amateurs. Parmi ceux-ci, le plus entreprenant, celui qui osait déjà s'asseoir pendant une heure ou deux, était un petit vieillard très alerte, qu'on appelait à cause de sa mise excessivement soignée, le docteur Quatre-Épingles, il causait souvent avec René, qu'il paraissait affectionner beaucoup. Sous un prétexte quelconque, le docteur Quatre-Épingles prenait place à côté du jeune homme; un troisième habitué en agissait de même, et peu à peu l'antre commercial se changeait en cabinet de lecture gratuit. De jour en jour, les séances y devenaient plus longues; quelquefois elles se prolongeaient jusqu'à la nuit, encouragées par les audaces coalisées.

Un pareil état de choses n'était pas tolérable. Jorry résolut d'y mettre un terme.

Il essaya d'abord des saluts froids; on n'y prit pas garde. Il supprima des chaises et en glissa quelques-unes de cassées; on se tint debout. Il affecta d'avoir vendu les ouvrages prêtés la veille; on se rabattit sur d'autres.

Sa colère couva sourdement. Malgré les envies fréquentes qu'il éprouvait de dire à ces messieurs : Allez-vous-en! son esprit n'était tendu que vers le profit.

Il crut avoir trouvé le moyen de concilier ses intérêts avec les égards qu'il devait à quelques-uns de ses clients.

Il s'en ouvrit à sa fille le soir du même jour où commence ce récit.

Ce jour-là, en revenant d'une vente par suite de décès, le bouquiniste Jorry avait été exaspéré à la vue d'une douzaine de lecteurs installés dans son magasin, et à la tête desquels trônaient paisiblement, comme par droit naturel, René de Verdières et le docteur Quatre-Épingles.

— Hortense, dit-il après que tout le monde fut parti, il est temps de soustraire notre magasin à ces envahissements progressifs. Depuis qu'on lit mes livres, on ne les achète plus. Désormais, ceux qui voudront lire paieront cinquante centimes.

— Je ne vois pas, objecta Hortense, inquiète, en quoi ce plan débarrassera le magasin.

— Oh! j'ai tout prévu. J'affecte à cette spéculation nouvelle une portion de notre logement, celle qui reçoit le jour par la rue Gît-le-Cœur; une cloison en briques, voilà tout ce qu'il me faut. Tu comprends que je ne peux pas être plus longtemps victime des importunités de mes pratiques.

— Cinquante centimes... c'est peut-être cher.

— Cher! pour feuilleter des exemplaires qu'on ne trouve que chez moi, pour ouvrir des Alde, pour contempler et tenir entre ses mains des reliures de Derome! Tu trouves cela cher, toi, cinquante cen-centimes!

— Mais... ceux qui ne les auront pas?

— Ceux-là n'auront qu'à ne pas mettre les pieds ici. C'est pour eux principalement que j'ai créé cette mesure.

— Vous êtes sévère, mon père.

—Toi, tu es trop indulgente. Depuis quelque temps je t'observe, et je m'aperçois avec douleur que ton insouciance en matière de négoce augmente tous les jours. Je ne parle pas au point de vue des livres, puisque, malgré tous mes efforts, il m'a été impossible de t'en donner le goût. Mais tes eaux de Cologne! c'est à peine si tu réponds, lorsqu'on t'en parle.

—C'est vrai, je n'ai pas la fièvre du commerce. Aussi n'en éprouvé-je que plus de reconnaissance envers vous, mon père, qui avez su vous enrichir.

— M'enrichir! s'écria le bouquiniste alarmé; moi, je suis riche? Qui a pu te dire pareille chose?

— Je me le suis imaginé, dit Hortense en souriant.

— Crois-tu donc qu'on gagne beaucoup à se charger d'une multitude d'ouvrages qu'on n'écoule pas? J'ai de quoi vivre, et c'est tout.

— Pourtant, vous possédez cette maison dans le faubourg Poissonnière...

— Bon! bon! je possède cette maison.

Et le concierge qu'il faut y entretenir !

—Vous plaisantez, mon père.

—Non ; vraiment, je ne retire pas un sou de cette bicoque. Ah ! si quelqu'un voulait me l'ôter de dessus le dos !

— Et cette ferme, dont j'ai vu le contrat d'acquisition au prix de quatre-vingt mille francs ?

— Eh bien ! c'est quatre-vingt mille francs jetés à l'eau. Qui sait si le fermier me paiera !

—Vous me traitez trop en enfant! dit Hortense; je connais votre fortune.

—Ma fortune! répéta Jorry, en bondissant; de quel mot te sers-tu, grand Dieu!

—Du seul qui rende exactement l'idée d'un avoir de deux cent mille francs.

—Mais, Hortense, tu fouilles donc partout, tu visites donc tous mes tiroirs?

—Mon père, je suis à cette heure de la vie où tout décèle l'avenir : j'ai vingt-trois ans; peut-être n'y songez-vous pas assez. Dans tous les cas, vous ne pouvez me faire un reproche d'avoir voulu jeter un regard sur ma destinée. Or, je me connais en arithmétique...

— C'est vrai; c'est moi qui te l'ai apprise.

— Et je suis convaincue du chiffre que je viens d'avancer.

— Deux cent mille francs! tu es folle, ma pauvre fille! Je n'en ai pas le tiers, pas le quart...

Hortense l'interrompit.

— Permettez-moi, mon père, puisque nous en sommes sur ce chapitre, de vous dire toute ma pensée.

— Voyons! murmura le bouquiniste, en levant les mains au ciel.

— Mon bonheur est, j'en suis sûre, l'objet de votre première inquiétude.

— Ton bonheur comme je l'entends, oui.

— Eh bien! je ne suis pas née pour être marchande.

—Hein? fit-il en ouvrant démesurément les yeux.

—Ne croyez pas que ce soit l'orgueil qui m'inspire ces paroles; je ne rougis pas de notre état.

—Non, mais tu préférerais être duchesse!

Une légère rougeur courut sur la peau brune de la jeune fille.

—Duchesse... vous exagérez, comme toujours, mon père.

—Selon toi, il faudrait quitter le commerce?

—Depuis la Révolution de Février, nous gagnons si peu!

—J'en conviens; mais encore, ce peu nous fait subsister.

—Nous demeurerions à Passy ou à Auteuil, dans une de ces jolies maisons avec jardin, que nous achèterions. Vous n'auriez plus besoin d'aller tous les jours à votre salle Sylvestre, de courir chez les commissaires-priseurs, de surveiller votre étalage sur le parapet du quai.

Vous vous occuperiez d'horticulture, vous deviendriez conseiller municipal avec le temps.

— Et toi?

— Moi? dit Hortense, en épiant l'effet de ses paroles sur la physionomie du bouquiniste, dame! il serait possible qu'il se présentât un parti convenable.

Jorry jeta un coup d'œil sur sa fille.

— Ton parti raisonnable aurait-il des écus?

— Il aurait au moins des talents.

— Des talents?

— Et peut-être aussi un nom.

— Oui-dà, il aurait un nom? dit le libraire en ricanant.

— Je veux dire un titre.

— J'entends bien ; comme M. René de Verdières, par exemple.

— Mon père !

La jeune fille se tut; elle était devinée.

— Allons, dit Jorry, après un instant de silence dont il se plut à prolonger l'embarras, tu es malade, bien certainement. Sans cela, tu ne tiendrais pas de pareils propos. Il faut t'adresser au docteur Quatre-Épingles; moi, je n'y peux rien. Qui diable t'aurait crue si romanesque, ma chère enfant? Parler contre le commerce, qui a nourri ton père et qui t'a fait vivre jusqu'à ce jour, ce n'est pas seulement de la démence, c'est de l'ingratitude.

Adieu. Je vais chez le maçon Bertholet, afin qu'il vienne ici dès demain, et qu'il installe sans retard mon cabinet de lecture. Et tout le monde paiera, entends-tu? tout le monde! à commencer de ceux qui ont un titre et des talents.

Sur ces mots, le bouquiniste sortit en frappant bruyamment sa canne sur le carreau, ce qui décelait chez lui une grande agitation, — car cela en usait le bout.

Rien ne nous empêche de suivre le représentant de la maison Pomard, Issakoff et C°, de Constantinople, l'homme au chapeau bleu-de-roi, que nous avons introduit au commencement de cette histoire.

En sortant de chez le bouquiniste Jorry, il avait dirigé ses larges enjambées vers l'un des guichets du Louvre, où l'attendait le commissionnaire chargé de la caisse de cinquante flacons d'eau de Cologne.

—Suivez-moi, lui dit-il en prenant du champ devant lui.

Ils marchèrent jusqu'à la rue du Musée, à travers les démolitions de la place du Carrousel.

Là, le commissionnaire fut congédié, et le représentant de la maison Pomard, Isakoff et C° entra fièrement, sa caisse sous le bras, dans une maison d'abjecte apparence.

Il monta jusqu'à la dernière marche.

A une petite porte, il frappa d'une manière particulière.

Une femme, jeune encore, vint lui ouvrir.

— Enfin, c'est toi ! s'écria-t-elle.

— Moi, triomphant!

— Qu'apportes-tu là?

— Devine! dit-il en se débarrassant de son fardeau.

— Des dentelles?

— Bah!

— Des pruneaux?

— Fi!

— Voyons, Magloire, ne me fais pas languir; qu'est-ce que c'est?

— Cinquante rouleaux d'excellente eau de Cologne.

— Autant d'eau de Cologne que cela?

— Avec cette liqueur, devenue insuffisante désormais pour les petites maîtresses, je commence à fabriquer le *Parfum des Almés*. Mes alambics sont prêts; j'ai mes aromates cueillis par moi dans le chemin de ronde des Batignolles. Demain, sitôt les premiers feux du jour, mon invention sera réalisée.

— Enfin ! murmura la femme.

— Pourquoi ce soupir, Colomba? l'horizon ne te paraît-il pas tendu de cachemires et de poult-de-soie?

— Non, Magloire, dit-elle tristement.

— C'est que ton esprit se sera laissé influencer par l'aspect de quelque araignée matinale.

— Je n'ai pas vu d'araignée ; je n'ai vu ce matin que nos créanciers.

— Encore? dit-il d'un air distrait.

— La fruitière, le marchand de vins, le boulanger...

— Étrange insistance! murmura-t-il, en passant les doigts dans sa chevelure épaisse.

— Et si tu savais comme ils m'ont tourmentée pour être payés!

— Les oisifs!

— Ils ont été jusqu'à me menacer du juge de paix.

— Ah! voilà qui est blessant, en effet.

Mais aussi, tu n'auras pas su leur parler, j'en suis sûr.

— Que voulais-tu que je leur disse?

— Mille choses! Les créanciers adorent la conversation.

— J'ai pleuré, voilà tout.

— Ce n'est pas mal, cela. Je reconnais à cette ruse l'exquise supériorité de ton tact féminin.

— Mais c'est pour tout de bon que j'ai pleuré, Magloire.

— Cela n'en valait pas la peine. Au moins, je pense que tu ne leur as donné aucun espoir?

— Que veux-tu dire?

— Lorsqu'on n'a pas le moindre crédit à attendre de ces gens-là, il faut se montrer devant eux si pauvre, si à plaindre, qu'ils s'enfuient et ne reviennent plus, de peur d'être obligés de vous faire l'aumône..

— Oh!

—Je t'avais cependant pourvue de mes instructions à ce sujet.

—Le cœur m'a manqué, dit Colomba.

—Gageons que tu as oublié de leur parler de nos enfants ?

—Quels enfants ?

—Comment, quels enfants ? Mère sans entrailles ! est-ce bien toi qui t'exprimes de la sorte ? Quels enfants ! Nos petits enfants, parbleu ! Ces deux anges jumeaux qui sont là dans la pièce voisine.

— Ah! oui, ces mannequins...

Un tel mot appelle des explications.

Les voici en quatre lignes.

Magloire de Plougastel (c'était son nom) ne considérait la sensibilité que comme un moyen d'action sur les personnes à qui l'on doit de l'argent. En conséquence, il avait fait confectionner deux poupons en baudruche, qu'il gonflait ou dégonflait suivant les circonstances.

Ces enfants, il avait l'habitude de les appeler ses *enfants-Gibus*.

Colomba haussa doucement les épaules.

CHAPITRE TROISIÈME

III.

Le quai des Augustins (Suite.)

— Tu as tort, reprit Magloire, rien n'est d'un meilleur effet que cette phrase: « Ah! monsieur (ou madame), si vous les voyiez tous les deux, me tendant leurs petits bras ! » Avec cela, on chasse les créanciers comme avec un torchon les mouches.

— Hélas !

— Si j'étais femme, je voudrais que ces simples mots me rapportassent autant qu'une scierie dans les Ardennes.

Mais Colomba n'avait pas l'âme aussi fortement trempée que Magloire, car elle se détourna pour essuyer une larme.

Pauvre créature ! elle avait été jolie,

mais les souffrances et la misère l'avaient fanée avant trente ans.

Le géant Magloire l'adorait, sans doute d'après cette loi qui régit les contrastes.

— Colomba, lui dit-il avec tendresse, cesse de m'attrister.

— C'est malgré moi, répondit-elle.

— Maudits fournisseurs, vous ferez que nous vous abandonnerons, vous et votre laide rue!

— Mais où irons-nous?

— Il y a tant de maisons qui manquent de locataires.

— Nulle part on ne nous recevra sans meubles.

Un seul regard jeté sur ce réduit justifiera aisément ces dernières paroles.

C'étaient quatre murailles d'où pendaient, à demi-arrachés, des lambeaux d'une tapisserie jaunâtre et moisie.

Par deux fenêtres dites *à guillotine*, le jour descendait attristé, comme si pour les pauvres la clarté du ciel devait revêtir une nuance particulière.

Il serait superflu de dire qu'il n'y avait pas de rideaux à ces fenêtres.

Quelques pipes accrochées, et, sur la cheminée, deux ou trois statuettes en plâtre qui semblaient déplorer leur nudité, voilà ce qui représentait l'art dans ce taudis.

On cherchait les meubles.

A force de chercher, on trouvait deux peaux d'ours étendues à terre.

C'étaient les lits du comte de Plougastel et de sa femme.

Le comte de Plougastel, disons-nous; il était comte, en effet. Il avait même été riche; mais sa richesse n'avait duré que peu d'années : les plaisirs, les entreprises, les voyages l'avaient absorbée tout entière. Du jour où il se trouva les mains nues pour la première fois, jusqu'au moment où nous le voyons dans la rue du Musée, sa vie n'avait été qu'un tissu d'expédients et d'aventures. Comme Figaro, il avait fait tous les métiers, excepté le métier de valet-de-chambre; là s'arrêtait la ressemblance. Or, s'est-on quelquefois demandé ce que serait devenu Figaro, s'il eût refusé d'entrer au service du comte Almaviva?

Il serait devenu Magloire de Plougastel, nous en sommes certain.

En Russie, où il avait séjourné pendant longtemps, les uns disent comme acteur, les autres comme maître d'armes, le comte de Plougastel s'était décidé à associer une infortune à la sienne. Il avait épousé Colomba, fille d'un opulent boyard, à ce qu'il prétendait, mais à laquelle une autre version donnait pour père un modeste tailleur hollais.

Monsieur et madame Plougastel n'avaient rapporté de Russie que les deux peaux d'ours qui leur servaient de couche.

Pour trouver des logements avec un pareil mobilier, il avait fallu que Magloire déployât toutes les rouertes de l'ancien répertoire de la Comédie-Française.

Ses fourgons étaient perpétuellement en route, ses lettres sur la maison Rothschild ne pouvaient manquer d'arriver d'un jour à l'autre.

Grâce à ces subterfuges, qui réussissaient d'autant plus qu'ils étaient plus grossiers, le pauvre couple était parvenu à s'abriter un peu partout, à Paris, pendant près de dix-huit mois.

Le comte de Plougastel employait divers procédés, les jours de terme, pour provoquer l'attendissement chez son propriétaire.

Lorsque le récit de ses voyages n'y suffisait pas, il mettait en avant ses deux fils jumeaux, leurs caresses enfantines, leurs tendres bégaiements, les inquiétudes touchantes de leur mère.

Le propriétaire restait-il insensible et la main tendue, Magloire remontait dans sa mansarde, tirait d'un coin mystérieux un drapeau qu'il déroulait et qu'il accrochait triomphalement en dehors de sa fenêtre. Sur ce drapeau, les passants pouvaient lire en gigantesques lettres rouges, tracées par lui-mêmes dans le silence du cabinet, cette inscription devenue fameuse en 1848 :

Honneur au brave Propriétaire qui a fait remise du terme !

Pourtant le jour vint où la colère des propriétaires s'abattit sérieusement sur le comte et la comtesse de Plougastel. C'était à l'époque où l'on commençait à démolir Paris un peu par tous les côtés, et où une augmentation notable se manifestait dans les loyers.

Ils errèrent quelques jours, repoussés sur tous les points; et les peaux d'ours leur furent d'une grande utilité pour les deux ou trois nuits qu'il leur fallut passer en plein air.

Ce fut à ce moment que les journaux entretinrent le public de l'évasion prétendue de deux pensionnaires du Jardin des Plantes, aperçus sous les arbres du boulevard extérieur.

Les administrateurs s'empressèrent, le lendemain, de démentir cette évasion, malgré les attestations d'un grand nombre de témoins.

Plusieurs lettres furent échangées; mais, quoi qu'on pût dire et écrire, cette nouvelle demeura toujours à l'état d'énigme, — excepté peut-être pour monsieur et madame de Plougastel.

Enfin, après bien des efforts, Magloire parvint à triompher des prétentions d'un concierge de la rue du Musée, autrefois rue Froidmanteau. C'était l'étage ou plutôt le grenier à la description duquel nous venons de consacrer quelques lignes, nécessairement succinctes. Il s'y établit en conquérant, résolu à y demeurer jusqu'à l'achèvement des siècles.

Il avait compté sans l'achèvement du Louvre.

La fatalité était sur lui ! La fatalité voulut qu'un décret d'alignement troublât presque aussitôt cette installation courageuse.

Congo lui fût donné pour cause de démolition.

A cette nouvelle, qu'on fut forcé de lui signifier par ministère d'huissier, il sourit amèrement; mais il ne souffla pas un mot à Colomba, qui aurait pu s'affliger.

Autant que possible, du reste, il lui cachait de la même manière tout ce qui était capable d'alarmer sa faiblesse; et, pour lui fermer les yeux sur leurs communes privations, il l'entretenait de temps en temps d'une créance imaginaire de trente mille livres, provenant, disait-il, d'une part légitime dans un héritage que sa longue absence hors de France l'avait empêché de recouvrer. Un sien neveu, nommé René de Verdières, devait tenir cette somme à sa disposition; par malheur, il avait perdu la trace de ce jeune homme, immensément riche, selon lui.

Mais de jour en jour Colomba devenait plus sceptique au sujet de ce neveu.

Elle avait beau fermer les yeux, elle sentait la terre manquer sous ses pieds.

— Magloire, l'avenir m'épouvante, lui dit-elle.

— L'avenir! c'est justement l'avenir qui devrait te rassurer. Ma dernière invention, la plus forte de toutes, doit nous rapporter cent vingt-sept mille livres par an.

Mes calculs sont précis. Le *Parfum des Almès* est appelé à opérer une révolution dans les huiles et les cosmétiques du négoce parisien. Pourquoi donc manques-tu de force au moment où nous touchons le but? Interroge l'histoire: tous les inventeurs ont été, dans le principe, méconnus et même torturés. Il est naturel que je subisse de pareilles rigueurs. L'épreuve d'abord, l'épreuve avant le triomphe, afin que la souffrance ait anobli le front qu'attend une couronne!

Rassure-toi donc, Colomba; le jour de la victoire est proche. Bientôt tu entendras au lointain sonner des fanfares d'allégresse.

Où donc est l'inventeur du *Parfum des Almés?* crient cent mille voix retentissantes comme la foudre. — Le voici. —

Qu'il soit chargé d'or comme un éléphant !

On me charge, et je viens tout déposer à tes pieds.

— Chimères ! belles chimères !

— Femme de peu de foi ! si je prêtais l'oreille à tes discours, tu détruirais en moi ce qui constitue l'énergie.

Je te le répète, l'heure de la victoire va venir. Elle aurait déjà sonné, si j'avais eu des capitaux ou seulement des relations.

Par malheur, ma famille est complètement éteinte; le seul parent qui me reste, René de Verdières, est introuvable. L'Almanach des vingt-cinq mille adresses se tait sur son nom. Ce jeune homme a-t-il voulu se soustraire à mes justes réclamations par une fuite déloyale, ou bien me cherche-t-il dans le Nord avec un louable acharnement? Tout est possible. Ah! si je le rencontrais, je lui vendrais une forte partie de mon *Parfum des Almées*.

Ton *Parfum des Almées* sent bien l'eau de Cologne! murmura Colomba.

— Erreur ! c'est l'eau de Cologne qui sent le *Parfum des Almés*.

— N'importe, Magloire, ce n'est pas là le bonheur que tu m'avais promis !

— Es-tu donc romanesque ! Quoi ! nous ne sommes pas heureux ?

— Heureux comme des oiseaux dans la neige !

Le comte de Plougastel embrassa Colomba sur le front, et lui dit, avec une sorte de solennité :

—Je passe dans mon cabinet de travail. N'y laisse pénétrer personne; j'ai cru voir rôder dans la rue des émissaires des principales maisons de parfumerie de Paris.

On voudrait me dérober mon secret; on n'y parviendra pas. Je saurai échapper aux exploiteurs et jouir seul des fruits de ma découverte.

Colomba, tu te réveilleras riche!

CHAPITRE QUATRIÈME

IV.

Deux jeunes filles.

La première personne qui se présenta le lendemain matin dans la boutique de Jorry, ce fut le maçon Bertholet.

Il venait se rendre compte des travaux à exécuter chez le bouquiniste.

Bertholet était accompagné de sa fille Claire, jeune et gracieuse ouvrière, blonde comme un épi, fraîche comme une matinée d'été, tout éclat et tout sourire.

Claire et Hortense étaient amies d'enfance; elles s'embrassèrent joyeusement.

— Exact comme la Banque de France! dit Jorry au maçon, en lui tendant la main.

—Quand il s'agit de travailler, répondit celui-ci, c'est la tête qui sert de pendule.

—A la bonne heure! voilà de braves paroles,... et un économique procédé. Ainsi donc, vous êtes content, et l'ouvrage va bien, sans doute?

—Cela ne chauffe pas.

—Tant pis! dit le bouquiniste, qui songeait déjà à le payer moins cher.

—Si je suis altéré, ce n'est pas à cause de la poussière qui m'entre dans la gorge. Depuis huit jours, j'ai le guignon. Ce n'est pas comme vous, père Jorry.

— Comment, ce n'est pas comme moi? quest-ce que vous voulez dire par-là?

— Vieux malin! vous avez su trouver la chance, vous; et vous y avez fait mettre un manche, pour la saisir plus commodément encore.

— Vous êtes fou comme les autres, Bertholet, grommela le bouquiniste.

— Possible! mais vous avez le sac.

Bertholet était le type de l'ouvrier parisien :

Figure un peu pâle, œil méfiant, bouche spirituelle et mince.

Il portait cette blouse blanche qui, depuis quelques années, est devenue un uniforme.

On lui donnait plus de cinquante ans, et cependant il n'en avait pas quarante-cinq; mais on vieillit si vite à ce métier de remueur de pierres!

Bertholet était par dessus tout un homme

d'une probité scrupuleuse; aussi mettait-il quelque orgueil à porter haut sa pauvreté.

Père excellent, resté veuf après quinze ans d'heureux ménage, il avait reporté toute son affection sur sa fille Claire, portrait vivant de madame Berthólet.

On nous permettra de faire parler cet honnête maçon comme parlent les maçons de Paris. En général, les ouvriers ont une rhétorique particulière, qui ne ressemble ni à l'argot des malfaiteurs, ni à la blague des ateliers de peinture, et qui, comme toutes les rhétoriques, force petit à petit les portes du dictionnaire.

Né en plein carré Saint-Martin, n'ayant jamais dépassé Saint-Cloud, La Râpée et Montrouge, Bertholet était l'incarnation la plus profonde de l'homme du peuple, avec toutes ses qualités et tous ses défauts, toutes ses naïvetés et toutes ses roueries.

Il était lié depuis fort longtemps avec Jorry, mais comme peuvent être liés un pauvre et un riche, un railleur et un misanthrope, comme étaient liés Jean-qui-rit et Jean-qui-pleure.

—Venez par ici, dit le bouquiniste; vous allez d'un coup d'œil comprendre mon projet.

Il entraîna le maçon dans le fond de son magasin, pendant que les deux jeunes filles, assises toutes deux au comptoir, entamaient une de ces conversations qui ressemblent à un duo d'oiseaux.

— Hum! dit Bertholet après avoir pris ses mesures, ce ne sera pas une affaire aussi simple que vous le croyez.

— Allons, bon!

— Il faudra lâcher quelques-uns de ces petits patards que vous serrez de si près, père Jorry.

— Vous m'agacez les nerfs, Bertholet. J'ai tous les matériaux nécessaires, achetés à une vente. A quoi bon débourser de l'argent, lorsqu'il n'y a pas absolue nécessité?

— Matériaux tant que vous voudrez, cela n'empêche pas qu'il faudra un peu de braise avec.

— Oh! l'obstiné!

— Et où sont-ils ces matériaux ? dit Bertholet.

— Là-haut, dans mon grenier ; venez avec moi.

— Allons !

Le bouquiniste décrocha une clé, pendant que Bertholet, retournant vers sa fille :

— Je monte au colombier de Jorry, lui dit-il ; j'y resterai peut-être longtemps. Rends-toi seule à ton magasin.

Et il baisa le front que Claire lui tendait.

— Adieu, mignonne.

— Viendrez-vous, enfin? dit le libraire, d'un ton aigu.

— On y va, bon homme, on y va ! Ne faut-il pas donner à l'enfant sa petite ration de caresses?

Maintenant, je suis prêt; montrez-moi le chemin de votre belvédère.

— Par ici.

— Est-ce bien haut?

— Au sixième étage.

Leurs voix se perdirent dans l'escalier.

Restées seules, les jeunes filles se prirent les mains avec un redoublement d'amitié.

— A présent, causons.

— Quelle heure est-il? demanda Claire.

— Huit heures... Mais pourquoi?

—C'est que je n'ai guère le temps.

— Quel malheur! dit Hortense, j'avais tant de choses à te confier!

—Et moi aussi, dit Claire.

—Je crois que notre montre avance d'un quart d'heure.

—En es-tu bien sûre? Bah! après tout, on m'attendra au magasin.

—Rassieds-toi, alors... près de moi, là. Claire, j'attends un renseignement de toi.

— Parle.

— Puisque c'est ton métier de chiffonner de belles étoffes pendant toute la journée, tu vas me dire combien coûte la soie grise.

— La soie grise? répéta Claire étonnée.

— Oui.

— C'est selon ; il y en a à tous les prix.

— Oh ! j'entends la qualité moyenne.

Figure-toi, ma chère, que je n'ai jamais porté de robe de soie.

L'amertume que mit Hortense dans ces paroles trahissait toute une existence de mélancolie, toute une jeunesse comprimée.

— Jamais? dit Claire; c'est que tu ne l'as pas voulu, car ton père...

— Mon père croit que le bonheur est dans les privations, et il a essayé de me le persuader jusqu'à présent.

— Jusqu'à présent? reprit finement Claire ; cela veut dire ?...

— Cela veut dire, répondit Hortense en souriant, qu'aujourd'hui je veux une robe de soie.

— Prends garde, tu vas devenir coquette.

— Ne te moque pas. Derrrière ces vitres toujours poudreuses, dans ce magasin rempli seulement de livres centenaires, je n'ai jamais ressenti bien vivement, je l'avoue, le désir de la toilette. Pour qui me serais-je parée, en effet?

Pour mon père, qu'un bout de dentelle irrite, que le moindre ruban met en courroux! Je suis donc restée ce que tu m'as toujours connue, une Cendrillon, mais une Cendrillon sans marraine, toujours au logis, toujours vêtue de noir, comme si je portais le deuil de ma jeunesse.

— Tu auras une très-belle robe pour soixante francs.

— C'est bien cher, mais n'importe !

— Seulement, permets-moi de te donner un conseil, ajouta Claire.

— Dis.

— Ne prends pas de soie grise.

— Pourquoi donc? demanda Hortense.

— Nous entrons dans les beaux jours; choisis plutôt de la soie rose ou de la soie écossaise.

— C'est bien voyant.

— Mais aussi c'est bien plus gai.

— Crois-tu? dit Hortense, hésitante.

— D'abord, il ne faut pas être coquette à demi; c'est tout l'un ou tout l'autre : veux-tu ou ne veux-tu pas plaire ?

— Tu as raison; c'est mon humilité qui me reprend. Tu le vois, ma plus grande audace était de passer du noir au gris. Chapitre-moi bien, apprends-moi à avoir du goût; j'en ai toujours un peu manqué, tu le sais, tandis que toi, même à notre pension, tu n'avais déjà pas ta pareille pour savoir transformer et embellir un bonnet avec un rien, un chiffon, une gaze.

— Tu vas me flatter, maintenant, dit Claire.

— Non; mais je veux que tu me donnes des leçons.

— Ce ne sera pas long, va, ni bien difficile. Il ne faut que de la bonne volonté.

— Oh! j'en ai, dit Hortense.

— Je m'en aperçois.

— Claire... dit la fille du libraire, un peu confuse.

— Bon! essaie de me gronder parce que j'entrevois ton secret.

— Mon secret ?

— Tu aimes ou tu es sur le point d'aimer, dit Claire avec un petit air doctoral.

Hortense rougit et se hâta de répondre :

— Qui pourrais-je aimer ici ?

— Oh! ce n'est pas certainement d'un de ces gros romans de chevalerie, que je vois là-haut, que ton héros sera descendu ? Je me doute que tu n'es pas éprise d'une fiction.

— Non, dit Hortense, s'enhardissant à sourire.

— Ce n'est pas non plus un de ces vieux personnages sans cheveux à qui la découverte d'un livre moisi cause des oppressions de bonheur, et qui s'imaginent que le paradis ne sera qu'une vaste bibliothèque ?

— Quelle idée !

— Il est jeune?

— Certainement, répondit Hortense.

— Tu l'aimes... bien?

— Oui.

D'ordinaire, les femmes ont l'habitude de broder un tel aveu de plus de variations. Mais ce oui, prononcé d'une voix ferme, et sorti du cœur avec ses trois lettres en relief, disait le caractère tout entier d'Hortense Jorry.

— Et lui? demanda Claire.

— Il ne s'est pas encore déclaré.

— C'est comme moi ! s'écria étourdiment la jeune ouvrière.

— Que veux-tu dire ?

— Oh ! rien...

Hortense la regarda. Elles étaient en ce moment roses toutes deux comme les premières cerises.

— Claire, nous nous sommes promis confidence pour confidence. A toi de tenir la parole maintenant.

— Tu l'exiges ?

— Sans rémission. D'abord, comment s'appelle-t-il ?

— Je ne sais pas, murmura Claire.

— Bah! il ne s'est pas nommé ?

— Non. Je lui ai à peine parlé, d'ailleurs.

— Où l'as-tu connu ?

— Tout près d'ici, sur le Pont-des-Arts.

— Raconte, dit Hortense.

— C'est bien simple : il y a deux mois, je me rendais seule à mon magasin, lorsque, en traversant le pont, tout à coup mon étui tomba de ma poche, et toutes mes aiguilles se répandirent par terre. Un jeune homme s'arrêta et m'aida à les ramasser. Il m'adressa ensuite quelques paroles polies, que je n'entendis point ; et il s'éloigna.

— C'est tout ? demanda Hortense.

— C'est tout.

— Mais depuis?

— Ah! depuis je le rencontre presque tous les jours, dit Claire.

— Voyez-vous cela!

— Il me regarde beaucoup, me salue et passe. Pauvre jeune homme!

Ces mots furent prononcés par Claire avec un soupir dolent.

— Pourquoi le traites-tu de pauvre jeune homme?

— C'est que sous ses manières élégantes j'ai reconnu les traces horribles de la gêne.

— Vraiment? dit la fille du libraire avec un grand accent d'intérêt.

— Ses vêtements sont propres, mais usés; dans la rue il n'ose regarder que moi, et encore ses regards sont-ils empreints d'une humilité qui m'attriste.

— C'est singulier! murmura Hortense, comme si elle se fût parlé à elle-même.

— Quoi donc?

— Celui que j'aime est pauvre aussi.

— Tiens !

— Il est timide aussi, et le sentiment de sa misère l'a empêché jusqu'à ce jour de se déclarer.

— C'est égal, dit Claire, ton sort est bien préférable au mien. Tu es riche, Hortense, ou du moins tu le seras plus tard. Tu peux espérer. Mais moi, quel avenir est réservé à mon amour? Je ne suis qu'une ouvrière, il est moins qu'un ouvrier sans doute; pauvres tous les deux, à quoi pouvons-nous prétendre ? Tu vois que malgré tes plaintes, tu es encore plus heureuse que moi.

Hortense secoua la tête en signe d'incrédulité.

— Mais, à propos ! s'écria Claire; je t'ai interrompue dans ta confession; tu n'en étais qu'au commencement. Je t'ai tout dit, il est juste que tu me dises tout, à ton tour. D'abord son nom ?

— Eh bien ! il s'appelle...

Hortense s'arrêta tout à coup; quelqu'un entrait dans la boutique.

C'était René de Verdières.

Les deux jeunes filles tressaillirent à la fois, sans qu'aucune d'elles s'aperçut du trouble de l'autre.

CHAPITRE CINQUIÈME.

V.

Deux jeunes filles (Suite.)

René ne vit qu'Hortense ; il était plus pâle que de coutume, sa contenance était plus indécise.

— M. Jorry est-il sorti, mademoiselle ? demanda-t-il d'une voix faible.

—Non, monsieur René.

A ce nom de René, le cœur de Claire résonna comme un écho.

—Voulez-vous lui parler ? continua Hortense; il est en haut, et je peux l'aller prévenir.

—Oh! c'est inutile, mademoiselle; mon dessein était seulement de lui demander cette belle édition de Pétrarque, qu'il m'a déjà permis plusieurs fois de consulter.

— Son Pétrarque de Venise, n'est-ce pas ?

—Oui, mademoiselle, celui de 1546.

— C'est comme un fait exprès : mon père l'a renfermé, je ne sais pourquoi, dans sa vitrine particulière ; mais je vais lui demander la clé.

— Peut-être y a-t-il indiscrétion de ma part? objecta-t-il.

—Non, monsieur René, non ! s'empressa de répondre Hortense; mon père me disait encore hier soir combien il était charmé de vous confier ses livres les plus précieux.

— Il est trop bienveillant.

— Je ne vous demande qu'un peu de patience, car c'est aux mansardes qu'il faut que je monte.

— Vous me rendez confus de la peine que je vous cause, mademoiselle.

Le désir de plaire à René l'emporta dans l'esprit d'Hortense sur toute autre considération, et elle ne vit aucun danger à le laisser seul avec Claire pendant quelques instans.

Dès qu'elle eut disparu, le jeune homme redevenu silencieux, selon son habitude, se mit à fouiller les rayons, sans prendre garde à la jeune ouvrière.

Il fallut que celle-ci toussât avec affectation pour qu'il se retournât vers elle.

— Vous ici, mademoiselle! s'écria-t-il avec étonnement,

Claire rougit et sourit.

— Vous me reconnaissez donc à la fin, monsieur? dit-elle.

—Oh! mademoiselle, pardonnez à ma

préoccupation; je ne vous avais pas vue; et puis, je m'attendais si peu...

— A me rencontrer? C'est pourtant sur le chemin du Pont-des-Arts.

— Ah vous vous souvenez?...

— De quoi ? dit-elle avec une naïveté feinte.

— Du jour où j'eus le bonheur de vous rendre un bien léger office.

— Oui, monsieur, je me souviens de ce jour-là... et des autres.

— Il serait possible dit René avec joie.

Mais presque aussitôt son visage se rembrunit; il venait de jeter un regard sur son costume désespérant de misère.

Ce n'est que dans les bibliothèques publiques, parmi cette agglomération plaintive de professeurs sans élèves, de pétitionnaires perpétuels et de maniaques en quête du feu grégeois, qu'on aurait pu trouver un habit aussi arachnéen, collé aux épaules comme une emplâtre à la chair, décent encore, malgré ses larges traces d'encre et ses boutons dont il ne restait plus guère que la queue,

habit cruel, ni gris ni noir. Sedaine ne
l'eût pas remercié, celui-là, au contraire
C'était l'habit de la dernière audience, et
qui appelle la réponse insolente des laquais; l'habit humide et froid, dont personne ne rit dans la rue, l'habit qui en
a fini depuis longtemps avec tous les raccommodages. C'était l'habit d'avant le
suicide.

René avait lutté tant qu'il avait pu;
mais enfin l'homme avait été vaincu par
l'habit; il le portait maintenant comme
on porte un écriteau infâme, le frond
courbé, l'œil en terre.

Ce même jour, pour comble de terreur, d'effroyables désordres s'étaient déclarés dans l'habit : après avoir défendu le terrain jusqu'au dernier moment, les coudes avaient cédé, l'explosion était survenue.

Description affreuse, mais indispensable ! — Le pantalon était le digne compagnon de l'habit; peut-être même reluisait-il davantage et avec plus d'effronterie. Pluie et poussière en avaient décoloré le bas. C'était un pantalon sans énergie, qui s'affaissait plutôt qu'il ne tombait sur des bottes, telles que jamais le crayon de Daumier n'en a éculées dans ses pochades les plus sinistres.

Elles avaient pourtant été vernies autrefois, ces bottes, qui, à l'heure qu'il est, et pour nous servir d'une de ces railleuses images créées par le terrible esprit français, riaient aux éclats, mais d'une façon convulsive. Maintenant elles n'avaient plus de talon, et bientôt elles n'allaient plus avoir de bout.

Voilà ce que René de Verdieres avait regardé tout à coup, au moment où la conversation commençait avec Claire sur un mode amoureux.

Voilà ce qui avait refoulé sa joie naissante et glacé la parole sur ses lèvres.

Il secoua la tête soudainement, et se dit qu'il rêvait ou qu'il était fou.

De l'amour, pour lui? Est-ce que cela était possible!

Alors, reprenant un volume qu'il avait quitté, il s'abîma dans sa lecture et dans sa douleur.

Ce regard et le mouvement qui en avait été la suite n'échappèrent pas à Claire, qui en comprit l'horrible sens.

Cinq minutes s'écoulèrent dans un silence absolu, et ce silence menaçait de se prolonger indéfiniment, lorsque la jeune fille, qui ne quittait pas René des yeux, le vit pâlir et porter sa main à sa poitrine.

—Mon Dieu! qu'avez-vous, monsieur? s'écria-t-elle en se levant.

— Ce n'est rien, mademoiselle, répondit-il d'une voix étouffée; ce n'est rien, je vous assure.

— On dirait une défaillance...

— Une défaillance, oui...

Il accompagna ces mots d'un sourire singulier.

— Vous avez peut-être besoin de prendre quelque chose ? dit-elle ingénument.

—Mademoiselle !...

Une rougeur, qui eut la spontanéité d'un éclair, remplaça sur ses traits la pâleur livide.

Il regarda fixement la jeune fille.

C'est qu'aussi la question qu'elle venait de lui adresser pouvait passer, dans les circonstances actuelles, pour une atroce ironie.

René de Verdières n'avait pas mangé depuis quarante-huit heures.

De privations en privations, d'expédiens en expédiens, il était arrivé à cette période suprême, la dernière.

Il y était arrivé lentement et avec toute sa clairvoyance, comme un homme qui descend un à un les degrés d'un escalier. Après avoir passé la journée de la veille dans l'attente du hasard, il s'était endormi, espérant ne plus se réveiller;

mais la vie est railleuse et forte. René se traîna le matin chez le libraire Jorry: un projet avait traversé son cerveau, projet caressant et consolant comme un rayon de ce soleil qui allait bientôt s'éteindre pour lui. Il voulut se procurer une dernière jouissance. Sybarite de la pensée, ayant toujours dû aux lettres ses meilleures délices, il désira mourir au milieu d'elles et exhaler son âme pour ainsi dire, dans l'hymne de quelque poète adoré. Voilà pourquoi il avait demandé les œuvres de Pétrarque. Ce devait être son tonneau de Malvoisie, à lui; ne pouvant se couronner de roses, il s'entourait de chansons souriantes et de stances, légères comme un chœur de nymphes : — Leur doux bruit, se disait-il, étouffera sur mes lèvres le secret de mon agonie, et, grâce à cette poétique magie, mon dernier soupir sera une dernière volupté !

On vient de voir comment son projet avait été traversé par la présence inattendue de Claire, de cette jeune fille qu'il aimait secrètement depuis deux mois, et, qui, à cette heure décisive et funeste, lui apparaissait comme l'ange du regret.

Aussi essaya-t-il de chaser son image,

comme on chasse une vision trop chère
et trop douloureuse en même temps.

Claire était demeurée interdite pour
la seconde fois, interdite épouvantée...

Car, dans le regard fixe du jeune
homme elle avait pénétré la vérité, toute
la vérité !

A son tour, elle eut comme un vertige et elle fut obligée de s'appuyer au
comptoir.

Elle éprouvait ce sentiment de confu-
sion, mêlé d'effroi, que donne presque

toujours la découverte de certaines infortunes et de certaines hontes.

Ensuite, deux larmes coulèrent de ses beaux yeux.

René ne les vit pas.

Héroïque, et surmontant un moment de faiblesse, il lisait.

Son visage, toujours pâli, affichait une affectation d'insouciance et de calme qui faisait mal.

Mais déjà son oreille s'emplissait de

bourdonnemens, ses yeux se voilaient en dépit de sa volonté, et ses mains tremblaient.

Il ne se trompa point à ces symptômes.

Il était semblable en ce moment au condamné à mort, qui a long-temps espéré sa grâce ou compté sur le hasard. Vient le jour fatal; le condamné, en marchant au supplice, jette de longs regards autour de lui; il ne voit point les amis qui lui avaient promis de le délivrer. Il soupire et continue sa marche. Pendant qu'on lui bande les yeux, il cherche encore à gagner du temps. Tout est inutile.

Il s'agenouille et prie; un miracle seul peut le sauver, mais ce miracle, il ne l'espère plus. Il fait ses adieux à la vie; sa tête s'est posée sur le billot.

C'est alors que sa grâce arrive!

La grâce de René arriva dans des circonstances analogues et à un moment aussi désespéré.

Dès que la jeune ouvrière eut deviné toute l'étendue de sa détresse, elle ne fut plus préoccupée que de cette seule idée : lui venir en aide à son insu, le secourir sans l'offenser.

C'était difficile.

Elle ne possédait qu'une pièce de cinq francs, résumant ses économies d'un mois entier; mais comment songer à la lui offrir?

Comment espérer lui faire accepter une pareille obole?

Au milieu de ses réflexions, ses yeux tombèrent sur le chapeau de Réné.

Nous avons décrit l'habit et le pantalon; nous renonçons à décrire le chapeau

Il gisait sur une chaise, choisie à dessein dans l'angle le plus obcur de la boutique.

Claire s'en approcha de la façon la plus naturelle du monde, en ayant l'air de chercher quelque chose.

Comme pour favoriser ses projets, il y avait un mouchoir dans le chapeau.

Elle pensa que ce mouchoir amortirait le bruit de la pièce d'argent qu'elle était décidée à y déposer.

Mais, sur le point d'accomplir sa généreuse action, la peur la saisit, et la pièce de cinq francs, échappée à sa main glissa à côté du mouchoir, et retentit au fond du chapeau.

Le destin voulut qu'au même instant, René levât les yeux.

Il se redressa, comme si on l'eût fouetté au visage.

— Mademoiselle! mademoiselle! que faites-vous? ce chapeau est à moi.

Claire était muette et songeait à s'enfuir.

— Vous ne m'entendez pas, reprit-il vous ne me répondez pas !

— Monsieur, balbutia-t-elle, pardonnez-moi, je vous en supplie... j'ignorais, je... c'est sans mauvaise intention,...

Il vit des pleurs inonder le visage de cette enfant.

René fut touché jusqu'au cœur.

Il prit la main de Claire, et d'une voix émue:

—Savez-vous, lui dit-il, ce que vous

venez de faire? Vous venez de me faire l'aumône.

— Oh ! monsieur !

— Vous venez de me traiter en mendiant.

— Non, dit-elle, en ami, en frère...

— Dites-vous vrai? prononça-t-il avec cette hésitation et cette incrédulité propres aux malheureux.

— Pourquoi mentirais-je? répondit Claire; j'ai suivi le mouvement que me dictait mon cœur; il ne faut accuser que ma maladresse.

— La pauvreté rend soupçonneux, dit René; un excès de délicatesse vous fait exagérer sans doute l'intérêt que vous me témoignez.

— Etes-vous donc tout à fait un étranger pour moi ?

— Peut-être aurait-il mieux valu que je ne fusse qu'un étranger. Il est des personnes de qui la compassion est le dernier sentiment qu'on eût voulu attendre.

— La compassion exclut donc tout autre sentiment? murmura Claire.

René la regarda quelque temps en silence.

— Ne vous jouez pas de moi, dit-il; au moment où tout commence à s'effacer à mes yeux, ne faites pas briller une illusion qui rendrait mon agonie plus cruelle. Supposons que je n'ai rien entendu, rien vu. Il est encore temps : reprenez votre don.

— Je ne reprendrai rien.

— Que voulez-vous de moi, alors ?

— Je veux que vous viviez.

— Prenez garde ! dit René; c'est un engagement plus grave que vous ne pensez et qui peut vous devenir funeste. Je ne sais pas être reconnaissant à demi : à qui m'offre un coin de son cœur, je donne ma vie toute entière. Les mots d'estime, de dévouement, d'affection, ces mots là qui, pour les autres hommes, ont chacun un sens particulier, pour moi se confondent tous dans le seul mot d'amour.

—Monsieur!... dit Claire en rougissant.

—Vous le voyez; mes façons de remercier vous effraient déjà. Ah! c'est que je ne suis pas de ceux qu'on oblige impunément, ajouta-t-il en essayant de sourire

La jeune fille se tut.

Croyez-moi, continua René, n'allez pas plus loin dans votre charité, mademoiselle. Ne me retenez pas au bord de l'abîme. Vous ne savez pas qui je suis; je porterais malheur à votre jeunesse. Je suis sans appui, sans avenir, sans courage. Ma rêverie n'est que le déguisement de ma paresse; ma science, s'il m'est permis de me servir d'un mot aussi ambitieux, n'est pas de celle qui trouve aisément à s'employer. A quelle branche pourrais-je me raccrocher? je manque de volonté pour embrasser un métier manuel. Encore si je m'étais passionné pour quelque chose, pour une idée, pour une invention. Mais rien ! mon esprit sonne creux à quelque endroit qu'on le frappe

J'aime les livres pour eux, comme si j'étais un amateur princier. Mon portrait je peux le tracer en deux mots : Inconnu et inutile. Eh bien ! voulez-vous toujours que je vive?

Oui, dit Claire, en lui tendant la main

Un bruit qui se fit dans l'escalier annonça le retour d'Hortense Jorry.

Claire retira vivement sa main de celle du jeune homme, et, trop troublée pour reprendre avec son amie la conversation de tout l'heure, elle s'élança vers la rue.

CHAPITRE SIXIÈME.

VI.

Le docteur Quatre-Epingles.

Debout, les yeux fixés sur la porte par où venait de disparaître la jeune ouvrière, René se demandait si ce qu'il avait vu et entendu depuis quelques instans n'était pas un commencement d'hallucination, résultant de son jeûne de quarante-huit heures.

Hortense rentra.

— Je vous ai bien fait attendre, dit-elle mais mon père était tellement aventuré sous les combles, que j'ai eu mille peines à le rejoindre.

Elle ne disait pas la vérité. Jorry, se méfiant d'un tel empressement, avait fait des difficultés pour lui livrer la clef de la vitrine. Il s'était décidé à la lui remettre cependant, sur ses instances, et après qu'elle l'eût assuré qu'il s'agissait bien réellement d'un chaland sérieux.

— Que d'embarras je vous cause, mademoiselle! dit Réné; à peine revenu de son état d'effarement.

— Ne parlons pas de cela, monsieur René; je désirerais pouvoir vous être plus agréable encore... Mais je ne vois pas Claire, dit-elle en s'interrompant.

— Claire.

— Oui; cette jeune fille qui était avec moi quand vous êtes entré.

— Elle se nomme Claire! répéta-t-il tout haut.

— L'avez-vous vue sortir! demanda Hortense avec surprise.

— Je crois que oui... oui, mademoiselle...

Le front d'Hortense devint soucieux.

Un vague sentiment d'inquiétude se glissa dans son esprit. Elle tâcha de l'en bannir en attribuant le départ précipité de Claire à l'heure avancée et aux exigences de son atelier.

D'ailleurs, ce départ la laissait seule avec René, et Hortense cherchait les occasions d'un pareil tête-à-tête.

Elle était même résolue, ce jour-là, à provoquer de la part du jeune homme un aveu décisif.

Nous n'avons pas besoin de dire combien René était loin de se douter du siége qu'elle organisait contre lui.

Il aurait bien voulu se retirer; mais cela était impossible après avoir reçu des mains d'Hortense le Pétrarque qu'il lui avait demandé.

Depuis quelques minutes il lisait donc, ou plutôt il feignait de lire, car sa pensée était à mille lieues du volume, lorsqu'il s'entendit interpeller par la fille du libraire.

— Monsieur René ?

— Mademoiselle ?

— Oh ! je vous dérange sans doute !

— Vous ne me dérangez nullement, car j'allais abréger ma lecture.

— Est-ce que ce Pétrarque, dont vous

aimez tant les vers, n'était pas épris d'une certaine Laure?

— Laure de Sades; oui, mademoiselle.

— Je remarque une chose, monsieur René; c'est que presque tous les grands poètes ont été de grands amoureux.

— C'est vrai; il n'y a guère de chefs-d'œuvre auxquels n'ait présidé quelque passion.

—Ah! fit-elle avec un sourire, si vous voulez devenir illustre, monsieur René, vous voilà forcé de devenir amoureux.

— Je ne suis pas poète, moi, répliqua-t-il.

C'en était fait des combinaisons d'Hortense; un mot venait de les renversr.

Mais René, poursuivant une pensée intime, ajouta par manière d'amendement

— Néanmoins, je crois que de tous les sentimens l'amour est celui qui fait le mieux éclore les énergies.

Aux yeux d'Hortense, cette phrase pouvait passer pour le préliminaire d'une déclaration.

Elle reprenait espoir, quand la porte du magasin s'ouvrit tout à coup, laissant entrer le docteur Quatre-Epingles.

— Mademoiselle, je vous présente mes hommages; bonjour, mon jeune érudit.

Hortense eut peine à dissimuler sa contrariété.

Quant à René il échangea une cordiale poignée de mains avec le docteur, dont il appréciait le caractère et le savoir.

Agé de plus de soixante ans, le docteur Quatre-Epingles ou plutôt le docteur Anselme (on le connaissait sous ces deux noms) portait vertement sa vieillesse, comme les gens qui ont vécu par l'esprit plus que par le corps. Sa physionomie témoignait d'une grande mansuétude unie à une véritable distinction. Le costume qui lui avait mérité son surnom se composait invariablement d'une redingote noire, d'un pantalon noir et d'une cravate blanche. Cette cravate blanche était avec le chapeau rond et les souliers à boucles d'argent, ce qu'il avait gardé des modes de sa jeunesse. Petit, les lèvres riantes, un maintien aisé, les doigts fins, sachant exciter à la fois le sourire, la sympathie et le respect, le docteur Quatre-

Épingles aurait mérité de poser pour l'album d'un Toppfer révérencieux.

Il n'était pas riche lui non plus, et, pour augmenter peu à peu sa bibliothèque, il lui fallait souvent économiser sur les choses de première nécessité. Afin de concilier ses goûts avec ses ressources pécuniaires, le docteur Quatre-Épingles avait su de bonne heure se renfermer dans les bornes d'une *spécialité*. La spécialité est le refuge des bibliophiles humbles d'argent. Il n'y a que les gouvernemens ou les fermiers-généraux qui puissent acheter tous les beaux livres indistinctement.

Les spécialistes sont inombrables : il y a ceux qui ont la spécialité des *mystères*, mystère des apôtres, mystère de Notre-Dame, mystères à cinquante-neuf et même à quatre-vingt-deux personnages. Pour ceux-là, l'art dramatique commence à Pierre Gringoire et finit à Etienne Jodelle; Hardy n'est pas advenu pour eux et ils ignorent jusqu'au nom de Corneille.

Il y a ceux qui ont la spécialité des *mazarinades*, gens spirituels et perpétuellement guerroyans; — ceux qui ont la spécialité des *catalogues*, depuis le catalogue de Gilles Mallet, garde de l'ancienne bibliothèque du Louvre en 1363, jusqu'aux catalogues des la Vallière, des Nodier, et des frère de Bure.

Il y a les spécialistes de la science, les plus inouïs et les plus minutieux, ceux qui, comme Abbot ont dessiné et colorié cinq cent trente-cinq différentes espèces d'araignées de la Géorgie d'Amérique.

Il y a les spécialistes du *roman*: romans de chevalerie, de souterrains d'amour; — les spécialistes du *diable*, qui, pareils à M. Oufle, passent leur existence à désirer et à attendre l'apparition du maudit, un pacte tout préparé dans leur poche.

Il y a les spécialistes qui ne s'attachent qu'à un seul auteur et qui en font leur proie, tels que Beffara pour Molière, et Walckenaër pour Mme de Sévigné.

M. de Soleinne, qui avait la spécialité du théâtre, en était arrivé au point de collectionner les pièces qui n'avaient été ni jouées ni imprimées.

Un auteur s'était mis à la recherche d'une espèce de ver qui ronge une espèce de reliure.

Après ce spécialiste-là, il faut tirer l'échelle.

C'est ce que nous faisons.

Le docteur Quatre-Épingles avait une spécialité aussi élégante et aussi douce que pouvait le faire supposer sa nature.

Il réunissait toutes les poésies, et plus particulièrement toutes les poésies du dernier siècle, dans lesquelles entrait le nom d'Aglaé.

Mystère charmant, et dont nous respecterons la suave transparence! Faiblesse exquise, et dont les exemples se font plus rares de jour en jour!

— Oh! la superbe édition de *Pétrarque*! dit-il en examinant le volume que René venait de quitter; par malheur il y manque l'âme du livre, c'est-à-dire le portrait de Laure. C'est pourquoi je préfère l'édition plus récente de Padoue, où se trouve la gravure de Raphaël Morghen.

Et après avoir lu quelques rimes, le docteur reprit:

— Est-ce que vous aimez cet homme-là? Pour moi, il me semble qu'il a été beaucoup trop amoureux pour être poète, ou beaucoup trop poète pour être amoureux.

— Vous êtes paradoxal, aujourd'hui, répondit René en souriant; vous faites le procès aux Italiens avec leurs propres concettis.

A mon point de vue, je confesse que le triomphe du Capitole ne me gâte pas la fontaine de Vaucluse.

Hortense avait jeté un regard de travers sur le docteur Quatre-Epingles, qui ne savait pas combien, après avoir dérangé ses projets, il blessait maintenant ses opinions. Elle ne tarda pas à se venger.

Le docteur Quatre-Epingles, lorgnait

depuis quélques semaines un exemplaire des *Mélanges poétiques* de la comtesse Fanny de Beauharnais. Il avait fini par amasser les fonds nécesaires à cette acquisition. C'est pourquoi il arrivait en si belle humeur.

— Tiens ! fit-il avec cette apparente insouciance à laquelle ne se laissent plus prendre les marchands, voici un ouvrage dont j'ai presque envie.

— Vous n'êtes pas le seul, répondit aigrement Hortense ; un exemplaire magnifique, sur papier de Hollande, et quelle reliure !

—Oh! la reliure n'a rien de merveilleux; elle n'est pas signée.

—Qu'importe? vous ne trouveriez pas ce volume dans tout Paris.

—Vous croyez? dit le docteur plein d'anxiété..

Et, cherchant un appui :

—Monsieur René, dit-il en se tournant vers le jeune homme, il me semble que mademoiselle Jorry se trompe?

René prit le volume à son tour.

— Mademoiselle vous êtes dans l'erreur, les *Mélanges* de madame de Beauharnais sont compris dans une vente qui doit avoir lieu le vingt-huit du mois prochain. D'ailleurs, votre exemplaire, si beau qu'il soit, est un peu piqué; et puis, enfin, si vous me permettez d'en faire la remarque, il y manque deux figures de Marillier, qui d'ordinaire se rencontrent dans les exemplaires de choix. Quoi qu'il en soit, le vôtre a sa valeur assurément.

Hortense se mordit les lèvres.

Si Jorry eût entendu René de Verdières

tenir un tel discours en présence d'un acheteur, il est plus que vraisemblable que cette séance eût été sa dernière.

Le docteur s'extasia sur une science aussi parfaite.

— Comment ne sollicitez-vous pas une place de bibliothécaire? lui dit-il.

— J'en ai fait la demande : on n'a pas daigné me répondre.

— Il fallait demander de nouveau. Les jeunes gens d'à-présent ont une fierté que j'ai quelque peine à comprendre. Ce n'est pas s'abaisser, cependant, que de demander à plusieurs reprises l'emploi de ses forces dans la Société. La persévérance n'est pas le synonyme de l'intrigue.

— Vous avez raison, docteur; aussi n'ai-je ni fierté ni répugnance; je ne suis tout au plus coupable que d'apathie.

— C'est pire encore !

— Je le sais, et je suis décidé à me créer courageusement des ressources. Jusqu'à présent, j'en conviens, j'ai trop fait entrer le hasard en ligne de compte dans mes espérances. Le hasard ne se manifeste qu'à ceux qui ont oublié son nom. Entre autres mirages sur la foi desquels je me suis endormi longtemps, on m'avait souvent parlé d'un oncle maternel, parti de bonne heure pour la Russie. Cet oncle, disait la légende, s'était considérablement enrichi au service du czar. J'ai écrit, j'ai eu recours à l'ambassadeur. Rien. Personne n'a pu me fournir de renseignements sur le comte de Plougastel.

— Le comte de Plougastel?

— Oui, c'est son nom; il était du côté

de ma mère. Un jour peut être son héritage me reviendra ; mais je ne puis l'attendre toujours, je l'ai déjà trop attendu. Il est temps, enfin, que je rompe avec ma vie contemplative, et que je me propose un but.

— Bravo ! dit le docteur.

— Pour commencer, dès demain j'endosse la robe noire.

— La robe noire ! ne put s'empêcher de s'écrier Hortense, stupéfaite ; est-ce que vous voulez entrer au séminaire ?

— Non, mademoiselle, répondit René avec un sourire ; mais au palais. Je suis avocat.

— Vous êtes avocat ! dit-elle avec un accent de satisfaction ; c'est une profession distinguée et honorable.

— Et qui assure presque toujours l'aisance à un homme de talent, ajouta le docteur Quatre-Epingles.

René hocha la tête.

— Docteur, dit-il, vous vous faites optimiste, ce matin, pour m'encourager.

Je vous remercie, mais je ne m'abuse
pas. Je sais que, pour réussir, un avocat
ne doit pas redouter de faire de nombreuses concessions, et que, de toutes
ses précautions, en mettant le pied dans
l'enceinte de la justice, la première, l'indispensable, est de poser une sourdine
sur la voix de sa conscience. Je sais
cela. Mais je suis résolu : je serai de
mon époque et je ploierai ma pensée aux
principes généralement admis. Je suis las,
sinon honteux, d'avoir été la dupe de mes
sentiments. L'éloquence est une denrée,
une arme, un prétexte ; soit ! j'aurai de
l'éloquence à tous les prix et pour tout
le monde, à propos de tout ce qu'on

voudra. Je ferai comme les autres, puisqu'il faut faire comme les autres pour parvenir. Ce n'est pas difficile, mais c'est tout juste honorable, comme dit mademoiselle. Il ne s'git que de vaincre son dégoût. Oh ! je serai un bon avocat, vous verrez !

— Mon ami, repartit le docteur, méfiez-vous de cet esprit de raillerie et d'amertume, qui me paraît être malheureusement l'esprit de votre génération. Je prends comme plaisanterie ou plutôt comme satire la profession de foi que vous venez de dérouler. Mais croyez-moi, ne regardez pas de trop près la corruption, elle fascine, elle attire. Ne badinez jamais avec la conscience. Jamais, entendez-vous! Une première transaction, quelque légère qu'elle soit, en entraîne inévitablement une seconde. Il y a dans l'ordre moral une loi de progression fatale; j'ai pu l'observer souvent. De toutes mes traverses, car j'ai eu les miennes, moi aussi, j'ai recueilli bien des réflexions; la plus forte, sinon la plus neuve, est celle-ci : le bien engendre le bien ; mais encore plus sûrement, le mal produit le mal. L'habitude de la perversité est celle qui s'acquiert le plus vite et le plus insensiblement. Une faiblesse, une simple faiblesse sera la source d'une faute, qui deviendra un vice; de ce vice naîtra un crime peut-être. Et cela, logiquement : il y a un fleuve ici, parce qu'il y a un filet d'eau là-bas. Excusez-moi, mon cher René; je moralise comme tous les vieillards, et j'exagère comme tous les moralistes.

— Non, docteur; vos paroles sont celles de la dignité et de l'expérience.

— Eh bien ! au nom de cette expérience, s'il faut pour réussir que vous fassiez comme les autres, restez plutôt en chemin mille fois; demeurez une dupe, un niais, un martyr. Mais gardez-vous toujours votre propre estime. De tels conseils sont peut-être bien gothiques et bien naïfs, mais ils seront éternellement grands. Quelque suranné que soit son langage, l'homme qui invoque l'honnêteté est certain de n'être pas ridicule.

— Merci, docteur, dit René, je me souviendrai de votre leçon.

— Une leçon n'est pas le mot; une consultation, tout au plus.

Hortense avait écouté cette discussion avec le plus vif intérêt.

Mais quand le docteur Quatre-Epingles eut fini, elle ne put résister au désir de lui lancer quelques épigrammes.

— Voilà de bien belles maximes, dit-elle ; il est hors de doute que vous les ayez vous-même pratiquées, docteur?

— J'ai tâché, du moins.

— Pourtant, il m'avait semblé entendre dire qu'à la cour de Louis XVIII on était moins rigoriste,

— A la cour de Louis XVIII?

— On m'a rapporté que vous aviez été page du roi, continua Hortense; peut-être m'a-t-on trompée.

Le sourire du docteur disparut pour un instant.

— Non, mademoiselle, on ne vous a pas trompée. J'ai été page en effet. Elevé dans l'émigration, presque continuellement sous les yeux du roi, il était tout naturel que je suivisse ses destinées. Mon père était mort sur l'échafaud, ses biens avaient été confisqués et morcelés. Sa Majesté a daigné se souvenir de moi à l'heure de son retour en France, en m'attachant à sa personne.

— Alors, sans doute, vous ne vous appeliez pas le docteur Anselmo tout court...

Le docteur crut devoir changer la conversation.

— Quel est le prix de cet ouvrage, mademoiselle? demanda-t-il en revenant aux *Mélanges de poésies* de madame la comtesse Fanny de Beauharnais.

Hortense venait d'être froissée dans sa

curiosité; l'occasion était belle pour donner cours à sa rancune.

— Cet ouvrage, dit Hortense, est très-rare, malgré les défauts et les omissions signalés par M. René.

— Admettons qu'il soit rare, dit le docteur en poussant un soupir.

— Conséquemment il est cher.

— Combien donc?

— Il vous coûtera trente-cinq francs.

— Ouf! fit le docteur.

Hortense se frottait les mains.

— N'en rabattrez-vous rien? demanda-t-il.

— J'en ai refusé hier trente francs, répondit la cruelle jeune fille.

Cette idée qu'un autre avait marchandé cet ouvrage, objet de ses convoitises, détermina le docteur Quatre-Epingles.

Il calcula qu'en se privant de café

pendant quinze jours, il viendrait à bout de combler le déficit créé par l'énormité de cette dépense.

— Eh bien ! mademoiselle, dit-il, voici trente-cinq francs ; ce chiffre dépasse de beaucoup mes prévisions ; mais c'est une fantaisie à laquelle je n'ai pas la force de résister.

Hortense ne répondit pas.

Sa petite vengeance lui procurait au moins vingt francs de bénéfice inespéré.

— Maintenant, ajouta le docteur, je

vais jouir de mon acquisition sous les beaux arbres des Tuileries; les vers sont faits pour être lus en compagnie des oiseaux et des enfants. Recevez mes très-humbles salutations, mademoiselle.

Allant vers René :

— A revoir, mon jeune ami, lui dit-il.

René était fort occupé depuis quelques minutes à visiter un rayon de bibliothèque, sur le bois duquel cette étiquette était collée : LIVRES A QUINZE CENTIMES.

Il se retourna précipitamment, et dit d'une voix étrange :

— Je vous suis docteur, je vous suis.

Il tenait un livre à la main, un vieux livre, dont la reliure commençait à s'en aller en lambeaux.

René mit ce livre dans la poche de son habit, et dit à Hortense, en posant devant elle la pièce de cinq francs dont nous connaissons l'origine :

— C'est un ouvrage de quinze centimes que je vous achète.

Sa voix était tremblante en prononçant ces paroles; on aurait dit qu'il venait de commettre une mauvaise action.

'6.

— Bien, monsieur René; répondit la fille du bouquiniste en lui rendant sa monnaie et sans remarquer son trouble.

René sortit avec le docteur Quatre-Épingles.

.... Quelques minutes après, Jorry et Bertholet descendaient du grenier en criant et se querellant,

— Comment ! disait le libraire, vous refusez de prendre en paiement un lot de solives presque neuves?

— Est-ce à mon boulanger que j'irais offrir vos solives? répliquait le maçon ; elles ne sont bonnes qu'à me chauffer les jambes.

— Je vous conseille de vous chauffer toujours avec du bois de cette qualité. Pourquoi ne pas brûler de l'ébène?

— Si je travaille, je veux être payé en argent ; sinon, rasoir!

—Mais, malheureux, vous n'avez pas d'ouvrage, c'est vous-même qui venez de me le dire. Depuis un mois, vous vivez en tirant le diable par la queue. Prenez ce qui se présente, cela vaut mieux que rien.

— Merci! dit Bertholet.

— Voilà bien comme ils sont tous, ces ouvriers! Mettez-vous en quatre pour leur procurer de l'occupation : s'ils ne voient pas des tonnes d'or à gagner, ils préfèrent se croiser les bras.

-- Quant à ce qui est de me croiser

ler bras, calmez-vous le sang, père Jorry. Je n'en ai ni la volonté ni le droit. On démolit la place du Carrousel et tout le quartier du Louvre; je m'emploierai à ces travaux.

— Voyons, Bertholet, vous n'êtes pas raisonnable; je vous ai proposé le tiers en argent et le reste en marchandises.

— En vieilleries !

— Je ferai pour vous une dernière concession : comptons le lot de solives à cent francs, et arrêtons que j'aurai à vous payer pareille somme en espèces. Hein?

— Adieu, dit le maçon en gagnant la porte.

— Vous partez !

— Je ne veux de vos solives à aucun prix.

— Vous réfléchirez, dit Jorry, j'insiste dans votre intérêt.

— Attendez que je revienne, et il vous aura poussé des dents.

— Bertholet !

— Je vais me faire inscrire au bureau des démolitions.

— Cet homme-là finira mal ! murmura Jorry en regardant le maçon s'éloigner ; il est dur comme une barre de fer. A son âge, aller s'exposer sur des crêtes de toits, risquer sa vie sur des murs croulants... au lieu de faire ma cloison... Il finira mal, c'est moi qui le dit.

Cette affaire manquée pesait sur le cœur du bouquiniste. Il avait besoin d'exhaler sa mauvaise humeur. La précieuse édition de Pétrarque, qu'il aperçut sur une table, lui fournit un excellent motif.

— Pourquoi ce livre est-il là, à l'abandon, comme une paperasse? s'écria-t-il en le replaçant.

— Je l'ai montré à quelqu'un, répondit tranquillement Hortense; nous ne nous sommes pas entendus sur ce prix.

— Est-ce une raison pour le laisser exposé à la poussière.

— Au moment où j'allais le serrer, le

docteur est entré et m'a marchandé les deux volumes de *Mélanges* de madame de Beauharnais.

— Il marchande toujours, mais n'achète jamais.

— Il a acheté, cette fois.

— Et tu as conclu l'affaire ? Je gage que tu n'auras pas consulté ma marque ? demanda Jorry avec anxiété.

— Je vous demande pardon, mon père ; j'ai regardé deux fois vos chiffres.

— Alors, tu as vu que cet ouvrage m'avait coûté huit francs.

— Oui, mon père.

— Et tu l'as vendu ?...

— Trente-cinq francs.

Les traits de Jorry s'illuminèrent.

— Trente-cinq francs! répéta-t-il; tu l'as vendu trente-cinq francs! Viens, mon Hortense, ma fille; viens sur mon cœur!

— C'est la première fois que vous m'embrassez avec tant de tendresse.

— C'est que c'est aussi la première fois que tu vends si cher !.

Mot sublime et qu'il prononça dans toute la naïveté de son amour de l'argent.

— Ce n'est pas tout, ajouta Hortense.

— Quoi encore ?

— M. René a acheté un volume, aussi lui.

— Est-il possible? C'est la journée aux miracles! s'écria le libraire.

— Un volume de quinze centimes.

— N'importe, c'est toujours trois sous. Quel était ce volume?

— Il ne me l'a pas fait voir, répondit Hortense.

— Tant pis! Retiens bien ce que je vais te dire, ma fille : il faut toujours regarder un livre avant de le vendre. C'est ce que je ne manque jamais de faire, moi. Il se peut qu'il ait été placé par erreur dans telle ou telle case; il se peut qu'en l'examinant on y découvre une particularité inattendue. Il y a mille moyens de reprendre poliment un livre des mains de l'acheteur; on feint de vouloir l'essuyer, on l'ouvre et on le bat. Grave bien dans ton esprit cette recommandation, mon Hortense. Qui sait ce qu'il peut y avoir dans un livre ?

CHAPITRE SEPTIÈME.

VII.

Une fortune.

Il est temps de dire ce que c'était que ce volume acheté quinze centimes par René de Verdières.

Il est temps aussi de dire ce que c'était que René de Verdières lui-même.

C'était un gentilhomme de souche provinciale; il avait perdu son père de bonne heure. Sa mère, qui était une Plougastel, de la province de Léon, en Bretagne, ne lui avait donné, en vivant, qu'une grande éducation, et, en mourant, qu'une multitude de procès. Ces procès, au lieu de s'arrêter à les dénouer, René les trancha, et il y perdit la totalité de ses espérances. Trop adonné à l'oisiveté des riches pour devenir un simple et bon avocat, son existence fut pendant quelques années celle de l'ours des montagnes, qui vit tout l'hiver de la graisse amassée pendant les beaux jours. Il vendit peu à peu ses meubles, ses coins de terre, ses bijoux, et, finalement, ses habits. C'est à cette période critique que nous l'avons pris, juste au moment où il s'agissait pour lui d'*être ou de ne pas être*.

René était intelligent, mais faible ; son âme n'avait pas été calcinée au feu des folles passions ; il appartenait à cette secte de philosophes qui laissent venir à eux les événements. Les livres ne l'avaient pas suffisamment cuirassé pour les combats de la vie réelle. Sans famille, sans amis, amolli par les jouissances faciles des lettres et des arts, on pouvait aisément prévoir qu'un drame venant tout-à-coup à fondre sur lui, bonheur ou malheur, le trouverait sans énergie, hésitant, et tout à la surprise ou à l'effroi.

Ce drame allait se former et s'amonceler bientôt sur sa tête. A cette heure, ce n'était encore qu'un point noir, mais visible cependant, et que nous allons voir s'étendre de minute en minute.

Regardez René quitter le docteur au coin de la place de l'Ecole ; il se dirige vers un de ces restaurants modiques, si nombreux, et que l'orgueilleuse trouée de la rue de Rivoli a refoulés, mais n'a pas chassés.

Humbles temples élevés à la Faim !

Il y a quelque chose de curieusement pénible dans l'aspect de ces restaurants de bas-étages, aussi mal éclairés dans le jour par le soleil que le soir par les quinquets. Ce n'est pas là qu'il faut chercher le bruit, l'animation, la gaîté ; les convives ont de bien plus graves occupations. Ils sont là pour manger et pas pour autre chose. C'est brutal, mais c'est comme cela. Le dîneur de la rue de l'Arbre-Sec ressemble au sage d'Horace : un tremblement de terre parviendrait à peine à l'émouvoir. Son repas est une chose sérieuse et solennelle ; ce n'est pas un plaisir, c'est une affaire.

Celui qui a examiné les figures de ces hôtes agités et muets, y a lu bien des romans, bien des mystères. Au milieu de ces hommes de peine, de ces artisans, on découvre çà et là, une tête de vieillard, inclinée et blanche ; ou bien encore quelque jeune fille maigre et mal vêtue, qui dévore dans un coin ; — jeunesse éteinte sous des haillons! blonds cheveux arrachés par la maladie! doux regard creusé par la misère! Souvent aussi c'est une redingote usée jusqu'à la trame, et qui montre une décoration fanée entre les fentes de la boutonnière. Que de douloureuses histoires l'on soupçonne! Mais à côté de cela, parfois, tout près de la porte, il y a la jeunesse, la santé, l'espérance, c'est-à-dire quelque brave enfant de dix-huit à vingt ans, vite entré, vite sorti, qui a lestement expédié son repas, sans presque y songer, musicien ou poète, peintre ou sculpteur, pour qui le temps a des ailes, et qui, du fond de sa souriante et active pauvreté, rêve les splendeurs de la gloire et les apothéoses du génie.

C'est l'endroit éclairé du tableau.

René ne demeura pas longtemps à table : il avait hâte de se trouver chez lui pour y examiner à son aise le volume acheté chez Jorry.

Son appétit satisfait, il prit donc rapidement le chemin qui conduit à la cour d'Aligre, où nous avons dit qu'il habitait.

La cour d'Aligre, située entre la rue Saint-Honoré et la rue Bailleul, est un de ces repaires qui gardent encore un peu de la physionomie et des mœurs de l'ancien Palais-Royal. Lorsque, dans quelques années, ce coin de Paris aura passé, comme tant d'autres, à l'état légendaire, plusieurs de nos contemporains essaieront de se rappeler et de dépeindre à la génération nouvelle les maisons de cette cour d'Aligre, toujours encombrée de joueurs d'orgue; cet établissement de bains regorgeant de monde le samedi soir; ces cabarets qui se tiennent discrètement en dehors du luxe actuel, et ce bal qui s'annonce de loin à tout le quartier Saint-Honoré par une demi-douzaine de lanternes chinoises balancées sous la voûte d'entrée.

C'était au sixième étage que logeait René, du côté de la rue Bailleul, dans une de ces chambres qui reçoivent le jour par en haut, comme les puits et les cheminées, et que l'on désigne sous le nom de chambre à *tabatières*.

Ce taudis, qu'il avait meublé avec une austérité monacale, lui coûtait quatre-vingts francs par an. Il avait eu l'excellente idée de payer quatre termes d'avance, un jour qu'il s'était débarrassé d'une magnifique montre de Venise, épaisse et lourde comme une galiote, ouvragée comme une cathédrale normande. Grâce à cette heureuse inspiration, il avait au moins un logement assuré.

Dès qu'il se fut assis sur son unique chaise, devant son unique table, il ouvrit le livre à trois sous.

C'était une des premières et des plus rares éditions de l'*Imitation de Jésus-Christ*, traduite en vers français par Pierre Corneille. Un certain nombre de notes marginales, que René avait immédiatement reconnues pour être de la main du poète, doublaient et même triplaient la valeur de cet exemplaire. Dans une vente, il eût certainement dépassé le chiffre de cent écus.

Lorsque René l'avait aperçu dans le pêle-mêle des ouvrages au rabais, l'idée d'une erreur s'était naturellement présentée à son esprit et à sa conscience. Tout en prolongeant son examen, il avait essayé d'étouffer ses deux voix. Nous avons vu le résultat de cette lutte; nous avons vu comment René de Verdières s'était décidé à dérober son achat aux yeux d'Hortense, et à l'aide de quelle manœuvre, il était devenu propriétaire de ce trésor bibliographique.

Les sophismes avec lesquelles il avait tenté de s'étourdir furent impuissants à lui dérober le côté équivoque et honteux de son action.

Tous ses raisonnements tombaient devant celui-ci :

—Pourquoi n'ai-je pas montré à la fille du libraire le livre que j'achetais ? C'est que soupçonnant une erreur à propos d'un tel bon marché, j'ai craint que cette erreur ne fût reconnue. Un casuiste n'aurait pas besoin d'y regarder à deux fois pour qualifier sévèrement ma conduite.

En même temps, les paroles du docteur Quatre-Épingles lui revenaient à la mémoire :

« Une simple faiblesse sera la source d'une faute, qui deviendra un vice ; de ce vice naîtra un crime peut-être. »

René possédait assez de rectitude dans le jugement pour se reconnaître coupable. Néanmoins il chassa pour un instant ses remords, et se livra tout entier aux délices de sa propriété nouvelle.

Il s'était aperçu que la page du faux-titre était collée à la relieure. Ce défaut, imputable sans doute à la maladresse du relieur, le choqua. Avec les plus grandes précautions, il tenta de détacher cette page, et il y réussit, grâce à son habitude des livres et à la connaissance des soins qu'ils comportent.

Ce travail accompli, une surprise lui fut réservée.

Un papier s'échappa d'entre la reliure et le faux-titre, et tomba par terre.

René ramassa ce papier et le déplia ; il était couvert d'une écriture jaunie, laquelle semblait appartenir au dernier siècle.

Sans trop d'efforts, mais non sans une vive émotion, René déchiffra ce qui suit :

« Mes chers fils, pouvant être arrêté et incarcéré d'un moment à l'autre, je place cet écrit à l'endroit convenu. Est-ce mon testament ? Hélas ! tout me le fait

craindre. On sera sans pitié dans l'exé-
ution de cette loi qu'on vient de rendre
contre les émigrés, et sous le coup de
laquelle je tombe fatalement

» Je demeure depuis une semaine dans
une maison de la rue Froidmenteau, où
quelques bonnes gens veulent bien ne
voir en moi qu'un humble cuisinier du
nom de Morin. C'est, depuis ma funeste
rentrée en France, le douzième logement
que j'occupe. De telles précautions sont
indispensables par le temps actuel, et
fasse le ciel qu'elles puissent vous con-
server un père!

» Grâce aux soins et à l'activité de notre fidèle régisseur, M. Lantoine, nos biens ont été vendus à temps. Mais vous comprendrez les sacrifices qu'il m'a fallu faire pour me procurer de l'or. Par les journaux que vous recevez à Londres, Vous devez voir quel système implacable de représailles commence à s'étendre sur tout le royaume; les dénonciations sont particulièrement à l'ordre du jour. Dans de telles circonstances, il est impossible de songer à vous faire parvenir le produit de cette vente. M. Lantoine attendra pour cela un moment plus propice. Demain ce livre passera avec d'autres entre ses mains; les livres n'excitent pas la méfiance. Humble et sans armoiries, cet exemplaire de l'*Imitation*, précieux seulement pour quelques amateurs aujourd'hui dispersés, bravera les visites domiciliaires.

» Votre fortune, mes chers fils, est réduite à six cent mille francs ; c'est là tout ce que nous avons pu sauver, M. Lantoine et moi, du naufrage révolutionnaire. Pour trouver cette somme lorsque des temps meilleurs auront lui pour la France, vous vous informerez de la maison n° 2 de la rue Froidmanteau, et vous ferez en sorte d'en occuper le sixième étage. Là vous vous placerez entre les deux fenêtres, et vous démolirez un briquetage à hauteur du genou. C'est dans une boîte de chêne que tout est placé.

» J'ai employé trois jours ou plutôt trois nuits à ce travail de prisonnier. Tout est terminé depuis quelques heures, et cependant je me hâte. Mon âme ne peut se défendre de pressentiments sinistres; quoique je ne sorte jamais que le soir, avec un chapeau rabattu, et enveloppé d'un manteau, hier, je crois avoir été suivi. Un traître, un espion, chassé par nous du régiment d'Esterhazy il y a six mois, m'a reconnu, comme je passais rue de Beaujolais. J'ai fait plusieurs détours pour rentrer chez moi; aura-t-il perdu ma trace?...

» J'achève cet écrit et je vais le mettre en place; alors une partie de mes inquiétudes, celles qui vous concernent, aura cessé.

» Chers enfants, gardez la mémoire de votre père; demeurez toujours fidèles aux principes pour lesquels il sacrifie sa vie. Les gouttes de sang tombées de l'échafaud [politique n'ont jamais taché de blasons. Henri, veillez sur votre jeune frère, apprenez-lui l'amour du roi. Dieu fera le reste!

» Adieu. Votre père vous bénit.

» Duc de Fontenay. »

Il y avait au bas la date de 1793.

René recommença la lecture de cette lettre, qu'il avait d'abord, et pour en connaître le sens général, rapidement parcourue.

Puis il regarda autour de lui comme s'il eût craint de n'être pas seul.

Pendant cette seconde lecture, faite patiemment, une légion de pensée ardentes et confuses s'abattit sur son cerveau.

Lisait-il un roman ou un histoire?

Ces six cent mille francs qui lui donnaient le vertige avaient-ils été trouvés, ou bien étaient-ils encore dans le mur où le duc de Fontenay les avait déposés?

Plusieurs suppositions soulevèrent à la fois dans son esprit.

Peut-être le duc n'avait-il pas péri sur l'échafaud ; peut-être avait-il pu rejoindre ses fils ou être rejoint par eux ; et alors la disparition de l'exemplaire de Corneille devenait un fait insignifiant, puisque le secret qui y était contenu était jusqu'à ce jour resté à l'état de lettre close.

Mais, d'un autre côté, les appréhensions du duc avaient pu se réaliser. Peut-être avait-il été arrêté et exécuté avant d'avoir remis ce livre à M. Lantoine. Dans ce cas, tout changerait de face : un trésor existait bien réellement dans la rue Froidmanteau. La victime avait emporté son secret sur l'échafaud, en s'en remettant sans doute à la Providence du soin de faire arriver le précieux volume à sa destination.

Depuis lors, la rue Froidmanteau avait changé de nom : elle était devenue la rue du Musée.

Un autre numéro avait sans doute remplacé le n° 2.

Puis, qui sait si le hasard n'avait pas

tout révélé à quelque locataire? Chaque jour on répare une maison, on sonde des murailles. Longtemps après la Terreur, il avait été de mode de fouiller les fauteuils, d'interroger les planchers, de desceller les plaques de cheminées, de visiter les cadres des tableaux, pour découvrir les richesses cachées par les émigrés. René ne l'ignorait pas : il savait encore que ces perquisitions avaient été renouvelées à l'époque du retour des Bourbons, et souvent avec succès, mais alors par les nobles eux-mêmes.

Etait-il possible que le sixième étage de la rue du Musée eût échappé aux soupçons, et, par suite, aux recherches?

— Oui! se disait René de Verdières, fasciné par le désir de s'approprier cette fortune.

Avant toutes choses, cependant, il lui était indispensable de s'assurer du jugement et de la condamnation de M. de Fontenay. Cela était facile. Les bibliothèques publiques n'étaient pas encore fermées : il courut à celle de l'Hôtel-de-Ville, et il demanda la collection des Bulletins criminels de Clément.

On la lui confia.

Il courut à la table de ce vaste et lugubre répertoire; le procès de M. de Fontenay y était indiqué à la date du 24 avril 1793.

Ce procès n'avait occupé qu'une seule audience, l'accusé ayant dédaigné de se défendre et de désigner des témoins à décharge.

René dévora immédiatement les conclusions du tribunal.

Voici quel en était le texte :

« D'après la déclaration du jury portant :

« 1° Qu'il est constant que Louis-Jacques-Laurent-Joseph Fontenay, ci-devant noble, a émigré du territoire français dans le courant de juillet 1792 ;

« 2° Qu'il est constant que ledit Fontenay est rentré en France, sur la fin de décembre dernier, sous des qualités et des noms supposés ;

« 3° Qu'il est constant que ledit Fontenay a, par ses actes et ses propos, provoqué le rétablissement de la royauté en France.

» Faisant droit sur les conclusions de l'accusateur public, le tribunal condamne Louis-Jacques-Laurent-Joseph Fontenay à la peine de mort, et ce conformément à la loi du 28 mars dernier; ordonne que ses biens seront acquis et confisqués au profit de la République, et que le présent jugement sera exécuté sur la place de la Révolution, imprimé, publié et affiché partout où besoin sera, jusqu'à la concurrence de douze cents exemplaires, etc. »

Le bulletin ajoutait que l'exécution avait eu lieu le même jour, vers cinq heures du soir.

De ce côté-là toutes les doutes de René étaient donc levés.

Le hasard acheva de lui éclairer les derniers recoins de ce drame.

Avant de refermer l'ouvrage de Clément, il le feuilleta pendant quelques minutes, et ses regards tombèrent sur le nom de M. Lantoine.

Trois ou quatre jours après la mort de

son maître, le régisseur avait été traduit devant le tribunal révolutionnaire, et condamné comme lui, à porter sa tête sur l'échafaud. Une même dénonciation les avait sans doute compris l'un et l'autre ; tout faisait supposer qu'ils n'avaient pu communiquer avant l'heure suprême.

René de Verdières demeurait donc le seul maître de leur secret.

Ce n'était pas assez !

Il rêvait d'être le maître des six cent mille francs de la rue du Musée.

Cette pensée, entrée de prime-abord
dans son esprit, s'y installa et s'y fortifia
bientôt comme chez elle.

Il ne songea pas aux fils du duc de
Fontenay, ses héritiers naturels, ou s'il
y songea ce ne fut qu'un instant et pour
se les figurer éloignés ou morts eux-
mêmes.

Ainsi se vérifiait le système de grada-
tion indiqué par le docteur Quatre-
Épingles.

D'une indélicatesse allait naître une
faute, un vol peut-être.

René ferma les yeux....

Mais le spectacle d'un trésor exerçait une influence déjà irrésistible sur cette imagination artistique et sur cette conscience molle. Il osa, sur ces entrefaites; évoquer le souvenir de Claire, et chercher dans son amour et sa reconnaissance pour elle une excuse, un prétexte même à ses coupables projets.

Armé de ce subterfuge indigne, il ne fit qu'un pas de l'Hôtel-de-Ville à la place du Palais-Royal.

Là il s'arrêta, saisi par une terrible inquiétude.

On commençait à démolir la rue du Musée.

CHAPITRE HUITIÈME.

VIII.

Les démolitions.

Le Paris que nous avons sous les yeux depuis quelques années est un Paris de transition, et dont la physionomie passagère mérite d'être fixée.

Ce n'est plus l'ancien Paris, et ce n'est pas encore le nouveau Paris. Nous sommes placés entre le souvenir et la promesse. Au lieu de vieilles masures, et en attendant les palais, nous avons les échafaudages, c'est-à-dire une ville en bois en attendant la ville en pierre.

Il y a longtemps qu'on l'a écrit : pour faire de Paris la plus belle ville du monde, il n'y a qu'à abattre. Les chefs-d'œuvre existent, il ne s'agit que de les mettre en lumière.

A force d'avoir été répétées, ces paroles ont fini par attirer l'attention des gouvernants. Depuis cinq ou six ans, des ouvriers envoyés sur tous les points ont commencé avec la pierre ce duel urgent, dont le signal était attendu avec tant d'impatience. Autour de l'Hôtel-de-Ville, ils ont dégagé trente impasses, brisé cinquante rues, renversé trois cents maisons; ils ont fait la place nette au Panthéon, à la Sorbonne, à la Tour Saint-Jacques-la-Boucherie; ils ont débarrassé l'église Saint-Eustache des boutiques qui la déshonoraient.

Ils sont partout, ils vont partout : au pont Saint-Michel, aux Halles, de la rue de Strasbourg naissante à la rue Saint-

Antoine écroulée. Demain ils élargiront le quartier Maubert et le quartier Saint-Marcel; demain ils auront isolé Notre-Dame, après l'avoir pieusement restaurée.

Mais c'est surtout aux alentours du Louvre et des Tuileries, dans le quartier dit du Carrousel, que la pioche des démolisseurs s'est longtemps exercée.

On a abattu là toute une ville serrée, terreuse, noirâtre, — fourmilière d'hommes, — pleine des plus diverses constructions, d'hôtels, de casernes, d'écuries, d'échoppes.

A l'époque où se passe notre récit, une partie de cette ville fangeuse existait encore. La plupart de ses rues, ou plutôt de ses ruelles, telles que la rue du Chantre, la rue de la Bibliothèque et la rue Pierre Lescot, mises soudainement à découvert, apparaissaient à l'état de tronçons et semblaient comme honteuses de la grande clarté qui s'était répandue sur elles. Le groupe de ces boyaux sinistres constituait en effet une seconde Cité, où des haillons vivants se promenaient pendant le jour, et où, le soir, s'agitaient des drames dignes de Parent-Duchâtelet.

D'un arbre qu'on abat les oiseaux s'envolent et vont percher ailleurs ; le nid s'écroule, la chanson reste, — ici ou là, peu importe !

Mais quand on démolit une rue, une place, un quartier, où s'en vont les souvenirs, — ces oiseaux des vieilles maisons ?...

Le tourbillon de poussière qui sort des planches écroulées les emporte et souvent les dissipe au loin. Des lambeaux de tapisserie qu'arrache la main insouciante d'un ouvrier, ce sont quelquefois autant de pages historiques. Les ailes ramagées et disjointes de ce paravent gisant sur le sol ont abrité des conversations qui sont peut-être écrites quelque part. Cependant le MONITEUR, ce journal si avare de regrets, qui, semblable au temps, marche sans prendre souci des décombres, ce journal qui écrit sans passion cette chose si passionnée : l'histoire ! le MONITEUR laisse tranquillement rogner, couper, amputer Paris. Il ne s'inquiète pas de ce qui tombe, il ne s'occupe que de ce qui croît.

Heureusement nous sommes là — quelquefois — nous, les gens qui vivons de l'émotion et par l'émotion; nous sommes là pour rendre au passé sa part éclatante ou touchante, intime ou publique.

Démesurément agrandie, supérieurement aplanie, admirablement pavée, la place du Carrousel a tout-à-fait perdu sa physionomie d'autrefois, qui lui avait valu la réputation de premier cloaque du monde. Sa boue proverbiale, qui était naguère un élément de comique, comme l'Odéon et de l'Académie française, a complètement disparu, et l'on peut affirmer avec hardiesse que c'est maintenant un des endroits les plus propres et les plus splendides de Paris.

La vieille place du Carrousel n'existe plus que par ses souvenirs. Il n'a pas fallu moins de soixante ans pour réaliser ce projet grandiose. On n'aime pas à abattre, cela se comprend ; —et que n'a-t-il pas fallu abattre cependant pour y voir un peu clair sur la place du Carrousel! Il y a soixante ans la rue Saint-Nicaise la traversait dans toute sa longueur; des Maisons curieuses, effrontées, s'avançaient jusqu'à quelques pas de la grille des Tuileries, comme pour regarder ce qui se passait dans le palais des rois; que dis-je? il y avait des maisons jusque dans la cour du château, qui alors était divisée en quatre compartiments bien distincts : la cour Marsan, dans laquelle se trouvait inclus l'hôtel de Brionne, qui était le logement du grand-écuyer de France; la cour des Suisses, renfermant une caserne et deux écuries; — la cour Royale, sise devant le grand escalier; — et la cour des Princes, devant le pavillon de Flore. Dans l'intérieur de cette dernière cour s'élevait un corps-de-garde affecté à la garde nationale de service.

Ainsi masqué du côté de la place, le château des Tuileries manquait complètement d'air et de terrain; il fallait le chercher derrière les hôtels et les bicoques qui l'étouffaient.

Mais où l'espace était haché, morcelé, gaspillé, c'était sur la place elle-même, découpée comme à l'abandon, et à laquelle mille sinuosités sans motifs donnaient l'apparence d'un archipel. Je n'entreprendrai pas d'en retracer le plan ; je dirai seulement qu'elle se partageait en petit et en grand Carrousel ; que les bâtiments les plus importants, faisant face à la grille du palais, étaient, du côté de la Seine, le très-bel hôtel des gardes-du-corps à pied, et de l'autre côté les écuries. Pour le reste, je renvoie les lecteur aux historiens spéciaux — qui n'en disent pas davantage — ou aux septuagénaires qui ont sauvé leur mémoire du grand naufrage des révolutions, et j'arrive aux temps modernes.

De toutes ces constructions que, peu à peu, on était parvenu à balayer jusqu'au ruisseau de la rue de Rohan, il n'en restait plus qu'une, une seule — posé la comme une dent qui mâche à vide — et connue sous le nom de l'hôtel de Nantes. Aujourd'hui, il n'en reste plus du tout. L'hôtel de Nantes, que plusieurs gouvernements avaient essayé, mais en vain, de faire sauter, a fini par s'exécuter de bonne grâce, après avoir eu les honneurs d'un vaudeville au théâtre des Variétés, le Dernier jour de l'Hôtel de Nantes, je crois.

Les registres de cet hôtel, si pittoresquement situé, étaient couverts des noms d'une multitude de personnages fameux, — à commencer par madame Manson, une des héroïnes du procès Fualdès, qui y vendait ses Mémoires ornés de son portrait. Il n'était pas de voyageur allemand et par conséquent un peu philosophe, de provincial curieux, d'Anglais investigateur, de princes anonyme qui ne voulût s'arrêter à l'hôtel de Nantes, afin de pouvoir contempler la royauté face à face, lorsqu'elle écartait un pan du rideau ou qu'elle montait en voiture au bruit des tambours battant aux champs. Toutefois, si royaliste ou si curieux que l'on fût, on ne pouvait pas y demeurer, cela était impossible, — l'hôtel de Nantes étant le rendez-vous de tous les omnibus de la terre et de Saint-Cloud, le déversoir de toutes les carrossées du faubourg Saint-Germain. Après une nuit dans cette tour du Nord de la place du Carrousel, le provincial ou l'Anglais, voir même le philosophe allemand, redescendait l'escalier quatre à quatre, la tête pleine des fanfares du

château, du qui-vive des sentinelles, de
la diane, de la retraite et du roulement
perpétuel des fiacres. Matin et soir,
c'était un vacarme à empêcher de dormir
un mangeur d'opium et à réveiller Épi-
ménide lui-même.

On ne faisait donc que passer dans
l'hôtel de Nantes, mais on y passait gaî-
ment; et, puisqu'il était convenu qu'on
ne pouvait y dormir, on y veillait du
moins aussi joyeusement que possible.
Bien des soupers se sont faits là, dont
notre génération gardera le souvenir;
bien des fois, entre onze heures et minuit, je me suis arrêté devant ces fenêtres

d'où jaillissaient la lumière et les éclats de rire; bien des fois j'ai surpris une tête débouclée, et des flots de dentelle livrant passage à un blanc poignet serré d'or; j'ai retenu par les ailes, ou par le refrain, mainte chanson envolée; et, comme tout est antithèse en ce monde, mes vœux en s'abaissant ne manquaient pas de rencontrer, à l'un des angles du rez-de-chaussée, la pierre funéraire consacrée à la mémoire de Georges Farcy.

Georges de Farcy était un jeune poète et un jeune philosophe; Ischia l'avait bercé sur ses vagues molles : et M. Cousin, son protecteur et son ami, lui avait appris à lire dans Platon. Il demeurait, comme un rêveur qu'il était, dans une petite maisonnette d'Aulnay, au fond de cette Vallée-aux-Loups qu'habita aussi le républicain Henri de Latouche, — lorsqu'il apprit, le 28 juillet 1830, la nouvelle du combat qui avait commencé la veille. Son esprit, ou plutôt son cœur s'exhala : il accourut à Paris armé d'un sabre, d'un fusil et de deux pistolets. Le jeudi matin, M. Cousin fit d'inutiles efforts pour le retenir à la mairie du onzième arrondissement; Georges Farcy n'écouta que son enthousiasme. A peine arrivé sur la place du Carrousel, au coin des rues de Rohan et de Montpensier, et non à la porte de l'hôtel de Nantes, il tomba atteint d'une balle dans la poitrine et mourut deux heures après.

Georges Farcy promettait de devenir un homme de talent; ses essais littéraires ont été réunis et publiés avec une préface de M. Sainte-Beuve ; et M. Cousin lui a dédié sa traduction des Lois de Platon.

Les fenêtres de l'hôtel de Nantes se louaient excessivement cher les jours de revue ; presque aussi cher que les fenêtres de la barrière Saint-Jacques les jours d'exécution. Alors la place du Carrousel, si calme et si muette à présent, se remplissaient de fanfares, de chevaux, d'uniformes, de baïonnettes reluisantes, d'acclamations. Pour peu que la journée fût belle et qu'il fît du soleil, ce spectacle valait bien son argent. On voyait passer le long des régiments immobiles, des chevauchées de généraux, galopant, criant, animés, et dont les croix, les crachats, les broderies semblaient, de loin, s'enflammer et crépiter. Ils avaient, ces généraux, de grosses moustaches et le visage tout en sueur; et, sur leur passage, comme s'ils les eussent reconnus, frissonnaient les drapeaux, vieux comme eux. Les tambours assourdissants éveillaient mille échos dans le Louvre importuné et dans les Tuileries, cette hôtellerie de rois, qui avait toutes ses croisées ouvertes avec orgueil. Sous les lourds caissons murmuraient les pavés ébranlés; et lorsqu'un escadron se mettait en marche, il y avait dans l'air comme un bruit cadencé de pluie et de grêle !

CHAPITRE NEUVIÈME.

IV.

Les démolitions *(Suite.)*

L'histoire de France s'est presque toujours faite sur la place du Carrousel,

Depuis Louis XIV, qui y paradait en

costume d'Opéra, jusqu'à Cazotte qui y a été guillotiné après s'être prédit à lui-même son sort;

Depuis Lazousky, qu'on y a enterré, jusqu'à Napoléon, qui y a amené triomphalement les chevaux de Venise;

Depuis la seconde Restauration jusqu'à la seconde République.

La place du Carrousel est le théâtre où se nouent et se dénouent les tragédies gouvernementales, répertoire plus sombre que celui de Crébillon, plus pompeux par intervalles que celui de Voltaire,

plein de catastrophes et d'apothéoses,
de poudre brûlée, de sang répandu!

Dans ces derniers temps, les Tuileries
avaient en face d'elles, installée au fond
d'une des maisons de la rue du Doyenné, la plus terrible machine qui ait me-
nacé le règne de Louis-Philippe : l'idée
du suffrage universel!

Elle était là, toujours éveillée, toujours
murmurante, élevant la voix ou la bais-
sant sur un signe de M. de Genoude, ce
formidable abbé qui, des bureaux de la
Gazette de France, préparait pour son roi

légitime cette révolution dont le peuple a profité.

C'est M. de Genoude qui, le premier, a poussé le cri de réforme; et l'on sait quel chemin a fait, d'écho en écho, ce cri solitaire parti de la rue du Doyenné!

Mais ce ne sont pas seulement des souvenirs politiques qui se rattachent à cette rue. N'oublions pas qu'elle a été significativement choisie entre toutes par Balzac pour y loger madame Marneff, l'héroïne adorable et funeste du roman des *Parents pauvres.*

Devant cette maison tranquille et noire, que le Van-Ostade de la littérature française dépeint avec mille tendresses de pinceau, en face de ces fenêtres si tristes, le général Hulot s'est promené d'un pied impatient, le cœur ému comme un jeune vélite à l'heure du premier rendez-vous.

Combien de fois n'ai-je pas cru voir apparaître, derrière les rideaux du troisième étage, la figure chafouine de ce Marneff, que Balzac caractérise en quatre mots brûlants : « Corrompu comme un bagno! »

Prise ainsi sous le patronage de la politique et du roman, la rue du Doyenné, quoique détruite, est assurée de vivre toujours.

Pourquoi l'impasse du Doyenné n'aurait-elle pas les mêmes droits aux faveurs de la postérité? N'était-ce pas encore hier une oasis toute embaumée d'un vague parfum de cloître, le pendant de l'impasse des Feuillantines?

Un mur la fermait, et, par-dessus ce mur, de beaux arbres frémissants répandaient comme à mains pleines la fraîcheur et l'ombre. Il y avait sur le seuil des portes de bonnes vieilles femmes en coiffe. C'était à se croire à vingt lieues de Paris, tant le repos y était complet, et tant les bruits d'alentour y venaient expirer doucement.

Une tradition, dont rien ne fait suspecter la fidélité, veut que l'amoureuse Gabrielle d'Estrées, celle qui fit les tourments et les joies d'Henri IV, soit morte dans la maison du Doyenné.

Il existe aussi une autre tradition plus moderne :

Vers l'année 1835, six ou sept jeunes

hommes, — comme disaient les drames d'alors, — habitaient le dernier logis de cette impasse, si semblable à une grande ferme. C'étaient tous des garçons de belle humeur et de gaie science, vingt ans et vingt-cinq ans, des peintres, des poètes et des paresseux.

Le plus maigre d'entre eux s'appelait Théophile Gauthier; c'était le plus chevelu aussi. Il sculptait des poëmes et empâtait des toiles.

Le second, Édouard Ourliac, écrivait pour les enfants des parades que dévoraient les grandes personnes.

Un autre, qui n'avait signé de son nom d'Arsène Houssaye que quelques romans sentimentals, aiguisait des épigrammes contre les tragédies du Théâtre-Français.

Il y avait Marilhat, qui revenait de l'Orient; et Camille Rogier, qui rêvait d'en prendre la route.

Qui plus encore?

Celui qui avait découvert le logis (une véritable découverte, une des plus rares qui soient à Paris, un logis sans portier), c'était Gérard de Nerval.

Tous ces jeunes gens avaient la richesse du diable, c'est-à-dire l'inspiration et la volonté, — mais, du reste, aucune espèce de rapports avec la Banque de France. C'est dire que leur mobilier était désolant de simplicité et de candeur.

Un matin, affligés de la nudité protestante de leur salon, ils résolurent de le décorer à peu de frais.

Rogier et Marilhat prirent leur palette et se mirent à l'œuvre. Quelques jours après ils s'adjoignirent Camille Roqueplan et Célestin Nanteuil.

Bientôt après les murailles furent revêtues de fresques éclatantes, de panneaux flamboyants, de dessus de portes miraculeux. Tout un mobilier en peinture apparut, complet et royal : c'étaient des alcôves drapées comme des théâtres, des consoles ornementées dans le pur goût de Trianon, des sophas jonquille à glands d'or, de riches bahuts surchargés d'aiguières, de vases florentins, de chimères, d'oiseaux inconnus et de coffrets niellés. Le plafond, radieuse orgie mythologique, représentait Apollon, la lyre aux doigts, debout dans son char attelé de quatre coursiers piétinant dans la lumière.

Pendant un hiver, les hôtes de ce palais improvisé donnèrent de ravissants bals travestis. Puis, lorsqu'au bout d'un an ou deux ils partirent, les uns pour la fortune et la réputation, les autres pour le monastère, comme Édouard Ourliac, — le propriétaire fit recouvrir ces fresques d'une belle couche de plâtre.

De tout temps, l'impasse du Doyenné a été, pour ainsi dire, affectée à la littérature.

N'a-t-on pas vu, quelquefois, sortir de la deuxième maison, située presque en face du guichet des Saints-Pères, un vieillard un peu courbé, mais de bonne mine, vêtu d'une longue redingote marron? C'était Béranger, c'était l'auteur national de *Madame Grégoire* et des *Bohémiens*. Il revenait de chez son éditeur et ami Perrotin, — que les démolisseurs ont chassé, lui aussi, de cette arrière-cour tranquille et pleine d'herbe, d'où se sont répandues par le monde les belles éditions de *Némésis* et de la *Notre-Dame-de-Paris* illustrée.

Un homme qui possédait plusieurs genres de mérite, et dont le nom seul est une gloire gastronomique, Cambacérès, en un mot, avait son hôtel sur la place du Carrousel.

Les gourmands ne passaient jamais devant la noble résidence de l'archichancelier de l'Empire, sans s'arrêter pour aspirer les émanations divines qui s'échappaient des soupiraux.

La cuisine et la politique y vivaient de compagnie et en bonne intelligence : à l'une le matin, à l'autre l'après-midi. Lorsque Cambacérès avait fini de travailler avec Napoléon; il travaillait avec d'Aigrefeuille, et composait scrupuleusement le menu de ces festins célèbres qui ont été ses victoires et conquêtes, à lui.

Je laisse aux Dulaures futurs le soin de reconstruire pierre à pierre, sur le papier, cette place si fameuse. Cependant, pour se montrer aussi consciencieux que possible, il est bon de signaler au nombre des édifices disparus l'église Saint-Louis-du-Louvre, bâtie, il y a cent douze ans, sur les dessins de Thomas Germain, *orfèvre* du roi, et destinée ensuite au culte réformé. C'est là que le ministre Maron a souvent fait briller son éloquence et attiré une affluence considérable à ses savantes prédications.

Si nous ne disons rien de la rue de Rohan, de la rue des Quinze-Vingts, du passage Beaujolais, au moins n'aurons-nous pas la même indifférence pour la rue de Chartres.

La rue de Chartres éveille tout naturellement l'idée de l'ancien théâtre du Vaudeville, qui faisait angle sur la rue du côté du Palais-Royal, et qui avait remplacé, en 1782, le Wauxhall d'hiver ou Petit-Panthéon. Le théâtre du Vaudeville a fourni, à cette place, une carrière de quarante-six années, pendant laquelle il a eu successivement de la gaîté, de l'esprit, du bonheur, de la passion, de jolies actrices, et des directeurs tels que Barré et Désaugiers.

En l'an IV, M. de Martignac y fit jouer *Ésope chez Xantus*. — C'était alors la grande vogue des pièces dites à galeries. On mettait en scène tous les hommes célèbres, guerriers, monarques ou philosophes. Turenne chantait un couplet de facture sur l'air : *Du serin qui te fait envie*. On donnait à tour de rôle : *Lamotte-Houdard à la Trappe*, *Sterne à Paris ou le Voyageur sentimental*, *Papirus* (Papirius!) ou *les Femmes comme elles étaient*, *Carlin débutant à Bergame*, etc., etc.

Au milieu de cette débauche d'histoire, il y eut un homme qui trouva le moyen de renchérir en faisant représenter *Attila*, — oui, Attila! — Cet homme, la chose est à peine croyable, c'était le chansonnier populaire dont nous parlions tout à l'heure, c'était Béranger. L'auteur du *Roi d'Yvetot* avait mis dans la bouche du roi des Huns des refrains empruntés à la *Clé du Caveau*. Par malheur, le public fit comme Boileau, il cria : Holà! après l'*Attila*, et ce fut, je crois, la dernière production dramatique du grand poète.

Précédemment, Béranger avait collaboré à quelques autres pièces accueillies avec la plus flatteuse faveur, parmi lesquelles *les Caméléons* ou *la Matinée d'un homme en place*, dont quelques exemplaires portent même son nom.

Le théâtre de la rue de Chartres est inséparable du souvenir de *Fanchon la Vielleuse*, ce petit drame sentimental et démocratique dont les couplets supergalants chevrottent encore sur les lèvres des vieillards. Tout le côté charmant de l'Empire, c'est-à-dire l'épaulette et la rose, la victoire et l'amour, les premières bottes à la russe, MM. Pain et Bouilly, l'escalade par-dessus les mur du jardin, le couplet d'annonce au public, la romance: *Lise épouse le beau Gernance,* les oncles marins, les grand'mères aux cheveux argentés, tout cela se retrouve dans l'aimable répertoire de la rue de Chartres.

Il ne faut pas perdre de vue que, pour achever de peindre son M. Prudhomme, — une des cinq ou six grandes créations de l'époque, — Henri Monnier a cru devoir en faire un *habitué* du théâtre de la rue de Chartres. Voici comment, dans le *Dîner bourgeois,* épisode des *Scènes populaires* (première édition), M. Prudhomme rend compte d'une des pièces les plus célèbres du Vaudeville :

« Le couplet que je vais vous chanter est tiré de la pièce des *Deux Pères* ou *la Leçon de Botanique*, fort joli ouvrage qui a eu certainement beaucoup de succès, et qui le méritait dans son temps... M. Forlis est le père de la jeune personne. C'est Vertpré qui a créé le rôle et qui est mort fou. Bon acteur, très-bon acteur, Vertpré. L'autre père, celui du jeune homme, c'était Hippolyte... Hyppolyte, c'était son nom de théâtre, n'importe son autre nom ; mais il avait plusieurs cordes à son arc, il peignait très-bien la miniature; et j'ai été dans la garde nationale avec lui. Prosper, le fils à Vertpré, qui était Henri, qui est retiré avec pension maintenant, qui faisait alors avec Julien les délices de la rue de Chartres. Madame Belmont, qui a épousé Henry, qui a été de là à Feydeau, en quittant le Vaudeville, où elle était adorée. et Rustique, le jardinier, qui était Carpentier, qui s'est tué. Ensuite Fichet, qui est retiré, qui ressemblait tellement à la marchande de gâteaux de Nanterre, qu'on la disait sa sœur. Le fait est que, dans une pièce qu'on représentait alors, *le Boguey renversé*, il représentait la marchande de gâteaux de

Nanterre, son triomphe; il lui ressemblait comme deux gouttes d'eau, etc , etc. »

Les phases du théâtre du Vaudeville sont nombreuses et singulières. Après avoir été le théâtre de l'Arlequin Laporte et du Cassandre Chapelle, il est devenu le théâtre d'Arnal et de madame Ancelot; il s'est placé à la tête du progrès. Il a favorisé les bégaiements de la langue Duvert et Lausanne; il a vu naître les vaudevilles marivaudés et les vaudevilles moyen-âge; le premier, il a échevelé madame Albert et cousu des couplets au livre de Laclos, *les Liaisons dangereuses*.

Puis, un beau matin du mois de juillet 1838, le feu a pris au théâtre de la rue de Chartres, comme il aurait pris à une robe de grisette; le feu n'a fait qu'une bouchée du salon de Fanchon-la-Vielleuse, du bosquet de la Leçon de Botanique, de la boutique de Maître-Adam, et des uniformes des Deux Edmond. On a bâti un restaurant à la place du spectacle : Comus succéda à Momus, pour parler la langue surannée.

Des nombreuses et charmantes actrices qui avaient charmé les habitués du Vaudeville, une seule était demeurée à ce quartier attrayant : c'était madame Hervey, que la Comédie-Française a comptée au nombre de ses plus excellentes pensionnaires. Madame Hervey, qui a voulu s'acquitter deux fois envers le public, est la mère d'un des plus spirituels chanteurs de l'Opéra-Comique (1).

Rappelons encore, avant de quitter cette rue, que le ci-devant hôtel de la Trésorerie du duc de Chartres était attenant au théâtre.

(1) M. Mocker.

CHAPITRE DIXIÈME.

X.

Les démolitions (Suite).

Une fontaine monumentale occupant le fond de la place du Palais-Royal — et dont l'eau fut ensanglantée au 24 février 1848 — formant le coin des rues

Saint-Thomas-du-Louvre et du Musée. Elle était ornée de bossages vermiculés et rustiques, et couronnée sur son fronton de deux figures dues au ciseau de Coustou le jeune, un Fleuve et une Naïade — Qu'a-t-on fait de ces deux agréables morceaux ! — Des réservoirs d'eau d'Arcueil affluaient dans la niche du milieu, décorée de congélations. La destruction de cette fontaine, qui était désignée sous le nom de Château-d'Eau, fut hâtée par l'engagement meurtrier dont elle fut le théâtre. Bientôt la pioche acheva ce que le feu et les balles avaient épargné.

La rue Saint-Thomas-du-Louvre, — qui était une rue propre et bien bâtie, — était occupée en grande partie par les écuries de Chartres, devenues ensuite les écuries d'Orléans, puis les écuries du roi.

Par une irrévérence que l'on ne saurait qualifier, ces écuries étaient élevées sur une partie de l'ancien hôtel Rambouillet ; là où les « précieuses » tenaient autrefois bureau d'esprit, triaient les phrases, épluchaient les verbes et passaient au tamis du romanesque les gros mots gaulois, les chevaux dévorent aujourd'hui l'avoine à belles dents. Ombres de Furetière, de Voiture, de mademoiselle Scudéry, voilez-vous la face avec les manchettes de votre style!

Quand je disais que la plus grande partie de l'histoire de France s'était faite sur la place du Carrousel et aux alentours!

S'attendait-on à rencontrer par là, tout à coup, l'hôtel Rambouillet, cette grande renommée, ce grand bruit, cette fumée odorante, ce caquetage de voix féminines, ce froissement de robes de soie et d'habits à rubans? l'hôtel Rambouillet dans la rue Saint-Thomas-du-

Louvre! Perdrigeon le coiffeur à côté de l'auberge où Louvel, l'assassin du duc de Berry, prenait ses repas! Le petit garçon « voiturant les commodités de la conversation! » tout ce chapitre de l'histoire littéraire dans ces écuries!

On a dit du tendre Quinault qu'il avait « désossé la langue française. » L'hôtel Rambouillet a fait comme Quinault, il a délicieusement énervé la rhétorique, voluptueusement alangui les métaphores, sentimentalement affadi les comparaisons, — il a assoupi l'hyperbole rugissante, de la même façon qu'on assoupissait autrefois le chien Cerbère, en lui donnant un gâteau de miel; — il a comprimé l'essor de l'apostrophe et rétréci l'envergure de la prosopopée; il a dompté l'antithèse sauvage, comme on dompte une hyène d'Hircanie, et les tropes les plus rebelles, conduits en lesse par les petits rimeurs, sont venus lécher servilement les souliers à bouffettes de la belle Julie d'Angennes.

De ce jour, la littérature n'a plus fait entendre que de monotones bêlements ou des roucoulements plus détestables encore; elle mangeait des roses dans la main des belles dames et buvait de l'eau sucrée dans le verre des courtisans!

— Grâce à Dieu, l'hôtel de Rambouillet n'existe plus.

— En êtes-vous bien sûr ?

— Chassé de la rue Saint-Thomas-du-Louvre où les hennissements ont remplacé les vapeurs, ne se serait-il pas réfugié dans quelque autre carefour, avec son bagage de beaux esprits, de cruelles, d'écouteurs aux portes et de damerets à pamoisons ? ne cultive-t-on plus le fin du fin, et n'entendez-vous pas par ci, par là, tinter le style à sonnettes de certains serpents littéraires ?

Non, le cercle Rambouillet n'est pas mort, il s'agite derrière ses tentures à la mode nouvelle, il folâtre et délire encore comme autrefois; et si le lecteur pouvait, par un pan de tapisserie soulevée, assister une seule minute aux dislocations que l'on fait subir là-dedans à la pensée et à la langue, il dirait bien certainement : Ramenez-moi aux écuries de Chartres !

C'était dans la rue Saint-Thomas-du-Louvre que mademoiselle Camargo avait son hôtel.

C'était là aussi que Piron avait sa mansarde.

Hôtel et mansarde vivaient en bonne intelligence; le poète, ce poète si fier qui passait devant les grands seigneurs en disant : Je prends mon rang! n'enviait rien à la danseuse dont les quartiers de noblesse espagnole étaient rehaussés par la rampe de l'Opéra. Il était heureux et pauvre, — doux synonyme quand on est poète, — et il attendait patiemment la gloire au rendez-vous qu'il lui avait assigné rue Saint-Thomas.

Cette rue menait droit à la place du

Musée, carrefour étrange où venaient aboutir la rue Froidmanteau, une des plus anciennes de Paris, et la rue de Nevers, tortueuse et sinistre. Par suite de ces démolitions, les ruelles de la Bibliothèque, du Chantre et de Pierre Lescot, mises soudainement à découvert, apparaissent à l'état de tronçons et semblent comme honteuses de la grande clarté qui s'est répandue sur leurs hôtels borgnes et sur leurs cabarets aveugles. Le groupe de ces ruelles constituait en effet une seconde Cité, où des haillons vivants se promenaient pendant le jour, et où, le soir venu, se balançaient les lanternes rouges des logeurs à la nuit.

Croirait-on que la rue du Chantre, une des premières désignées par saint Louis pour recéler les femmes à ceintures dorées, a été habitée au dix-huitième siècle par l'auteur galant du *Sofa* et de *Tanzaï*, par Crébillon le fils, censeur royal mais non particulier?

Etait-ce donc là qu'il choisissait les modèles de ses Zoraïde, de ses Bélinde, de ses Néadarne, et autres sultanes invraisemblables, pour lesquelles se passionnait alors la belle société littéraire?

Pourquoi pas? Faut-il tant s'étonner de rencontrer Crébillon fils aux alentours du Carrousel, lorsque nous venons bien d'y rencontrer le cercle Rambouillet tout entier, et ne convient-il pas de voir, au contraire, dans ce rapprochement, une sorte de logique et comme qui dirait de conséquence ?

Lantara demeura aussi dans la rue du Chantre. Pour celui-là on pourrait moins s'en étonner, car jusqu'à présent, sur la foi de ses biographes et même de ses contemporains, le peintre de paysages avait toujours passé pour un ivrogne de la plus belle venue et de la plus flagrante inconduite ; — mais en ce temps de réhabilitations de toute sorte, une notice nouvelle, appuyée de documents certains, vient d'apprendre au public que Lantara ne buvait jamais que de l'eau. Demain peut-être apprendrons-nous que Voltaire et Fréron étaient les meilleurs amis du monde.

FIN DU PREMIER VOLUME.

Imprimerie Worms et Cie à Argenteuil.
Bureaux rue Sainte-Anne, 63, à Paris.

NOUVEAUTÉS EN LECTURE

DANS TOUS LES CABINETS LITTÉRAIRES

Monsieur Cherami, roman entièrement inédit, par Ch. Paul de Kock, 5 vol. in-8.
L'Envers et l'Endroit, épisode de la fin du règne de Louis XIV, roman historique, par Auguste Maquet. 4 vol. in-8.
Les Drames de Paris, par le vicomte Ponson du Terrail. 8 vol. in-8.
Le Prix du sang, par A. de Gondrecourt, 5 vol. in-8.
Nena-Sahib, ou l'insurrection des Indes, roman historique, par Clémence Robert. 3 vol. in-8.
La Reine de Paris, par Théodore Anne. 3 vol. in-8.
Un ami de ma femme, par Maximilien Perrin. 3 vol. in-8.
Monsieur trois étoiles, par mad. la comtesse Dash. 3 vol. in-8.
Le Bossu, aventures de cape et d'épée, par Paul Féval. 5 vol. in-8.
La Bête du Gévaudan, par Élie Berthet. 5 vol. in-8.
Les Ruines de Paris, par Charles Monselet. 4 vol. in-8.
Le Chevalier de Dieu, par Paul du Plessis et Albert Longin. 5 vol. in-8.
Les Spadassins de l'Opéra, par le vicomte Ponson du Terrail. 6 vol. in-8.
La Belle Créole, par Henry de Kock. 4 vol. in-8.
Le Filleul d'Amadis, par Eugène Scribe, 3 vol. in-8.
La Comtesse Maximi, par A. de Gondrecourt. 5 vol. in-8.
Le Marquis de Lupiane, par Charles Rabou. 5 vol. in-8.
La Louve, par Paul Féval. 6 vol. in-8.
Les Folles d'un grand Seigneur, par Ch. Monselet. 4 v. in-8.
La Vieille Fille, par A. de Gondrecourt. 4 vol. in-8.
Le Masque d'Acier, par Théodore Anne. 4 vol. in-8.
Le Juif de Gand, par Constant Guéroult, auteur de *Roquevert l'Arquebusier*. 4 vol. in-8.
La Princesse Russe, par Emmanuel Gonzalès. 2 vol. in-8.
La Fille Sanglante, par Charles Rabou. 4 vol. in-8.
La Belle Provençale, par le vicomte Ponson du Terrail. 6 v. in-8.
Dettes de Cœur, par Auguste Maquet. 2 vol. in-8.
Le Tigre de Tanger, par Paul Duplessis, auteur des *Boucaniers*, *Montbars l'Exterminateur*, *le Beau Laurent*, et Albert Longin. 5 vol. in-8.
Le Médecin des Voleurs, par Henry de Kock. 4 vol. in-8.
La Cape et l'Épée, par le vicomte Ponson du Terrail. 5 vol. in-8.
L'Homme de Minuit, par Etienne Enault et Louis Jurien. in-8.
La Tour Saint-Jacques, par Clémence Robert. 4 vol.
Les Frères de la Mort, par Charles Rabou. 5 vol. in-8.
La Mignonne du Roi, par Emmanuel Gonzalès. 3 vol. in-8.
M. Choublanc à la recherche de sa Femme, par Ch. Paul de Kock, 3 vol. in-8.
L'Homme de Fer, par Paul Féval. 5 vol. in-8.
Les Chevaliers errants, par O. Féré et D.A.D. St-Yves. 4 vol. in-8.

Pour la suite des Nouveautés, demander le Catalogue général qui se distribue gratis.

Imprimerie de P.-A. BOURDIER et Cie, 30, rue Mazarine.

www.ingramcontent.com/pod-product-compliance
Lightning Source LLC
Chambersburg PA
CBHW071248160426
43196CB00009B/1207